# 매일 스타일 변신
# 손뜨개 인형
# DOLL

**Miya** 지음 | 김은주 옮김

## 안녕!

에밀리와 마코는 사이좋은 자매예요.
친구인 마론과 함께 외출하기를 아주 좋아한답니다.
《매일 스타일 변신 손뜨개 인형》은 꾸미기 좋아하는
에밀리와 마코, 마론의 코디 다이어리입니다.
여러 옷을 입어보면서
멋 내기의 재미를 한껏 즐겨보아요!

실물 크기

# Contents

**마코**

에밀리의 동생으로, 생기발랄
활기찬 성격, 요즘 멋 부리기
에 눈을 떠서 에밀리의 옷을
몰래 꺼내 입기도 한답니다.

- 사진은 인형의 실물 크기(키 약 19cm)입니다.
- 인형 본체에 형상 유지재가 들어 있어서 팔다리는 움직일 수 있지만, 서 있을 수는 없습니다.
- 기재되지 않은 아이템(미니어처 아이템 등)은 모두 작가의 개인 소장품입니다.
- 책에서 소개하는 각 아이템은 22cm 인형에도 착용 가능합니다.

**에밀리**

꾸미기를 즐기는 수줍음 많은 아가씨. 밤색 긴 머리를 좋아하고 머리 스타일링도 멋지게 척척 해낸답니다.

실물 크기

**마론**

슬그머니 곁으로 다가온 에밀리와 마코의 베스트 프렌드. 놀러 갈 때는 항상 둘과 함께랍니다♪

## 멋 내기 아이템

상의, 하의, 아우터, 소품 등 에밀리가 아끼는 아이템 총집결!

## 아우터·상의

**01** 코트
P.14, 18
How to make ▶ **P.64**

**02** 원피스
P.21
How to make ▶ **P.65**

**03** 민소매 원피스
P.14
How to make ▶ **P.66**

**04** 니트 원피스
P.12
How to make ▶ **P.67**

**05** 프릴 튜닉
P.30
How to make ▶ **P.68**

**06** 양 점퍼스커트
P.11, 32
How to make ▶ **P.69**

**07** 2Way 카디건
P.10, 16, 20, 22
How to make ▶ **P.70**

**08** 가로줄무늬 스웨터
P.18, 22
How to make ▶ **P.71**

**09** 모헤어 스웨터
P.13
How to make ▶ **P.72**

**10** 탱크톱
P.22, 26
How to make ▶ **P.72**

**11** 래글런 소매 티셔츠
P.26
How to make ▶ **P.72**

**12** 가로줄무늬 티셔츠
P.28
How to make ▶ **P.73**

**13** 홀터넥 캐미솔
P.24
How to make ▶ **P.73**

4

## 하의

**14** 미니스커트
P.13, 26
How to make ▶ **P.74**

**15** 랩스커트
P.16
How to make ▶ **P.74**

**16** 솔잎뜨기 무늬 스커트
P.20
How to make ▶ **P.75**

**17** 튀튀 스커트
P.18
How to make ▶ **P.71**

**18** 청바지
P.22, 26
How to make ▶ **P.75**

**19** 레깅스
P.28
How to make ▶ **P.75**

**20** 쇼트 팬츠
P.10, 22, 30
How to make ▶ **P.75**

**21** 와이드 팬츠
P.24
How to make ▶ **P.76**

## 슈즈

**22** 덱 슈즈
P.22, 26, 28, 36
How to make ▶ **P.77**

**23** 스트랩 슈즈
P.14, 21
How to make ▶ **P.77**

**24** 펌프스
P.22, 24, 26, 46
How to make ▶ **P.77**

**25** 벨트 장식 부츠
P.10, 12, 16, 18
How to make ▶ **P.78**

**26** 롱부츠
P.11, 13, 18, 20, 32
How to make ▶ **P.78**

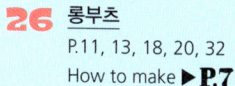

**27** 레이스업 부츠
P.14, 44
How to make ▶ **P.78**

## 소품

**28** 양 모자
P.32
How to make ▶ **P.69**

**29** 캉캉 모자
P.26, 30
How to make ▶ **P.79**

**30** 밀짚모자
P.24, 26, 28
How to make ▶ **P.79**

**31** 베레모
P.20
How to make ▶ **P.80**

**32** 니트 모자
P.10, 12
How to make ▶ **P.80**

**33** 후드 달린 케이프
P.11
How to make ▶ **P.81**

**34** 머플러
P.12, 13
How to make ▶ **P.82**

**35** 마론의 머플러
P.10, 12, 18
How to make ▶ **P.82**

**36** 마론의 파티 모자
P.32
How to make ▶ **P.83**

**37** 수박
P.30
How to make ▶ **P.83**

**38** 카고백
P.24
How to make ▶ **P.84**

토트백

**39** 토트백
P.26
How to make ▶ **P.84**

**40** 진주 가방
P.21
How to make ▶ **P.84**

**41** 숄더백
P.18
How to make
▶ **P.85**

**42** 벨트(분홍)
P.13, 26
How to make ▶ **P.82**

**43** 벨트(삼색)
P.22, 24, 26
How to make ▶ **P.82**

## 신부 P.34

▼▼▼▼▼▼▼▼▼

**44** 헤드드레스
How to make
▶ **P.85**

**45** 웨딩드레스
How to make
▶ **P.86**

**46** 펌프스
How to make ▶ **P.77**

## 치어걸 P.36

▼▼▼▼▼▼▼▼▼

**47** 응원 수술
How to make
▶ **P.87**

**48** 원피스
How to make
▶ **P.87**

**22** 덱 슈즈
How to make
▶ **P.77**

## 발레리나 P.38

▼▼▼▼▼▼▼▼▼

**49** 헤드 액세서리
How to make
▶ **P.88**

**50** 튀튀 드레스
How to make
▶ **P.88**

**51** 발레 슈즈 How to make ▶ **P.78**

**P.10**  **P.11**  **P.12**  **P.13**  **P.14**

**P.16**  **P.18**  **P.18**  **P.20**  **P.21**

**P.22**  **P.22**  **P.24**  **P.26**  **P.26**

**P.28**  **P.30**  **P.32**  **P.34**  **P.36**

**P.38**  **P.40**  **P.42**  **P.44**  **P.46**

**PART 1**

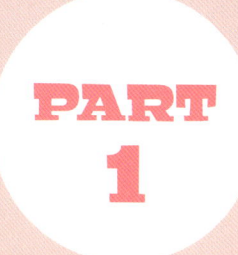

# 외출 코디

에밀리와 마코가 외출하는 모습을 공개!
캐주얼 스타일부터 팬시한 스타일까지
총 18패턴의 코디 중에서 마음에 드는 것을 찾아봐요.

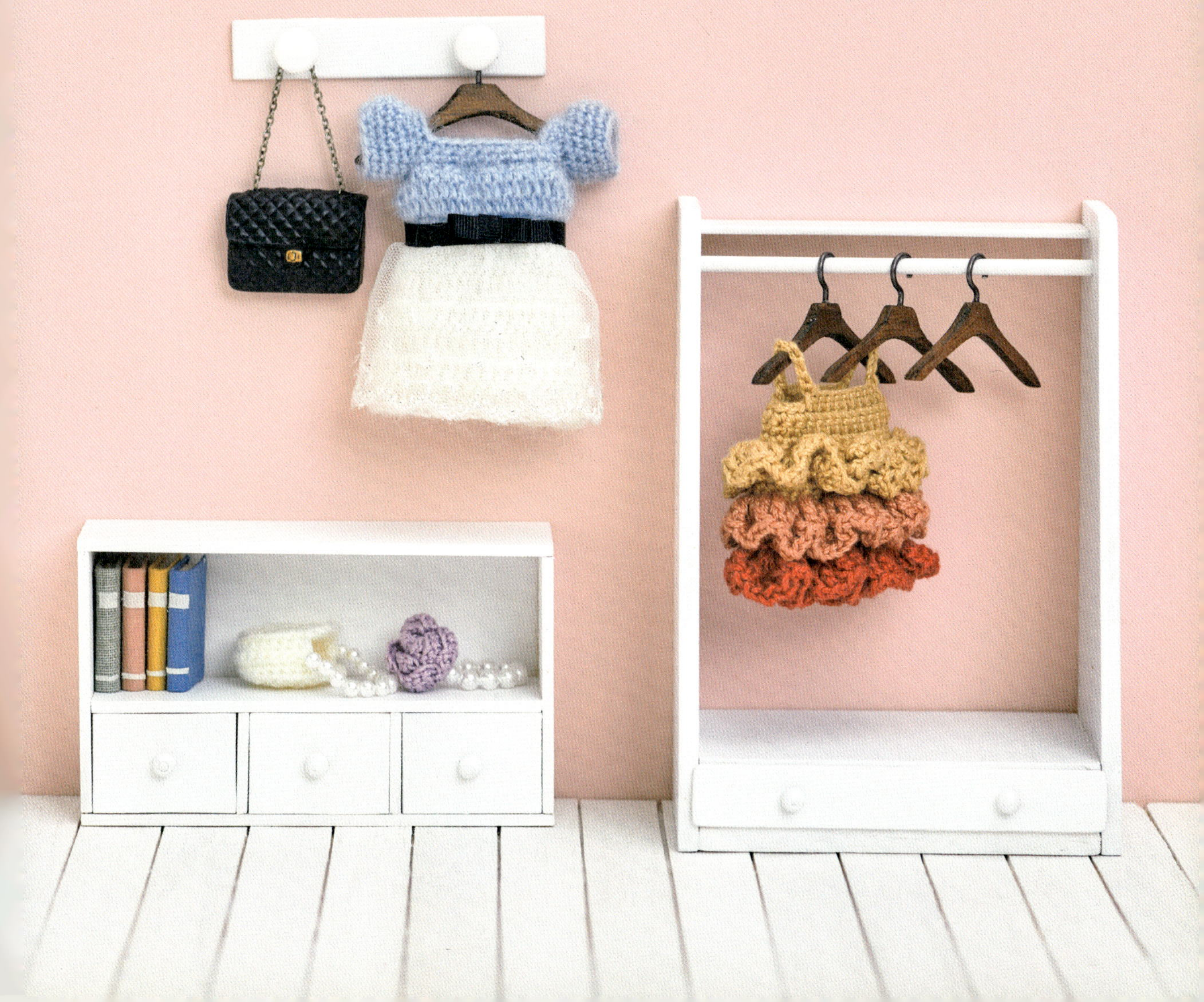

Snowfall 눈놀이

모두 함께 눈싸움해요! 에
밀리는 폭신한 니트 모
자를 눌러쓰고, 마코는 후드
달린 케이프, 마론은 핑크 머
플러로 따뜻하게 연출했어요.

오늘의 에밀리 코디

32

07

20

25

35

오늘의 **마코** 코디

33

06

26

야호!

11

32

34

04

25

35

**밸**런타인데이는 마론과
커플 룩으로! 마론의
얼굴 아플리케 장식이 있는
핑크 스웨터는 에밀리가 좋
아하는 아이템♡

# February 14  밸런타인데이

34　09　14+42　26

오늘의
**에밀리**
코디

# Trip · 여행

**파**스텔 톤의 착장에 머플
러와 부츠를 함께 연출
해 드라이브를 위한 멋 내기
완성. 오늘은 살짝 어른스러
운 느낌으로. 마론은 스카프
로 멋짐 뿜뿜!

*Pu! Pu!*

외
출
코
디

Z-342

13

*Café* 티타임 　노천카페에서 잠시 행복한 휴식. 원피스 위에 털이 달린 빨강 코트를 살짝 걸쳐 입으면 밖에서도 끄떡없어요.

오늘의 에밀리 코디

01

03

27

23

독서는 즐거워요 ♪

오늘의 **에밀리** 코디

**07**

**15**

**25**

# Library

독서

**책**을 좋아하는 에밀리의 힐링 플레이스.
2Way 타입으로 입을 수 있는 카디건을
오늘은 스웨터로 연출했다. 가을빛 흠씬 풍기는
문학소녀 느낌의 코디.

Westminster station
for National Rail

오늘의 **에밀리** 코디

01

41

25

35

오늘의 **마코** 코디

08

17

26

# Station
## 기다림

**전**철을 기다리고 있어요. 모두 함께 외출해요. 에밀리는 좋아하는 코트를 입었어요. 마코는 포근한 느낌의 세트 착장으로 여성스럽게 멋을 냈지요.

**31**

**16**  **07**

**26**

오늘의 **에밀리** 코디

# *Museum*
## 미술 감상

그 림 그리기와 감상하기를 무척 좋아하는 에밀리. 베레모와 멋스러운 스커트의 산뜻한 코디로 아티스트 기분을 한껏 냈어요.

02

40

23

# *Recital*
**피아노 연주회**

**경**단 머리 하고 연주회 가요. 레이스가 포인트인 원피스에 진주 가방을 들었어요. 모처럼 한껏 차려입고 화려한 무대 위로.

외출 코디

# Hiking
## 꽃놀이

**봄**의 연례행사라면 역시 꽃놀이♪
특별한 오늘을 위해 에밀리는
입고 벗기 편한 카디건을, 마코는 파
스텔 톤 스웨터를 골랐습니다.

오늘의
에밀리 코디

외출 코디

07

10

20

22

오늘의 마코 코디

08

18
+
43

24

# Bakery
## 장보기

아침 일찍 동네 인기 빵집을 찾았어요. 홀터넥 톱에 베이지색 와이드 팬츠를 매치하니 마치 파리지엔이 된 듯하네요♪

오늘의
**에밀리 코디**

30

13

21+43

38

24

둘 이서 사이좋게 유원지 나들이. 마코는 탱크
톱×청바지, 에밀리는 티셔츠×미니스커트의
캐주얼한 차림으로 신나게 즐겨요!

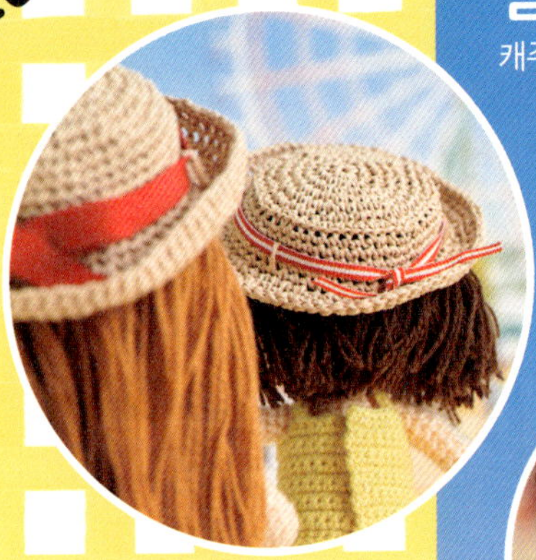

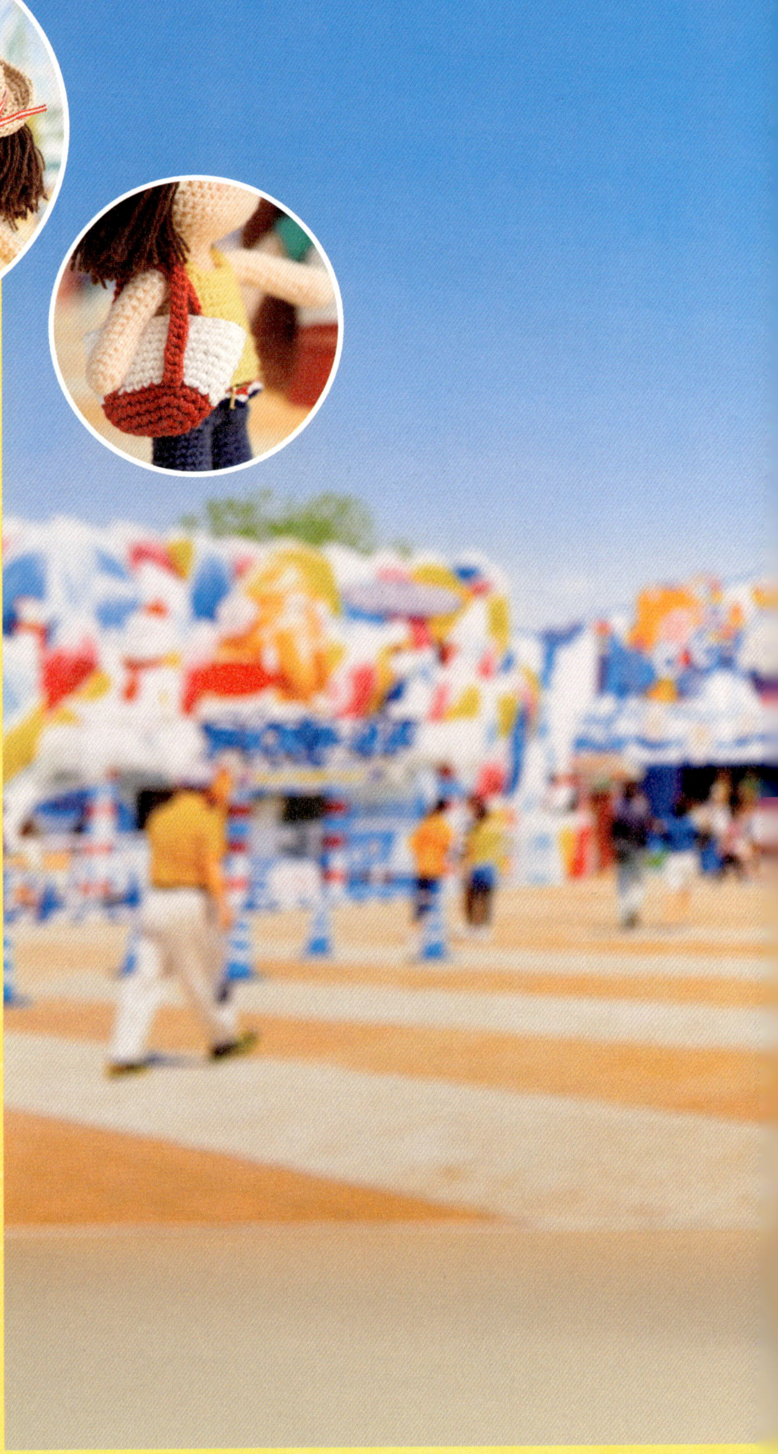

오늘의 **에밀리** 코디

30

11

24

14+42

오늘의 **마코** 코디

29

10

39

18+43

22

26

\ 곤충채집 /

# Camp

줄무늬 티셔츠에 레깅스를 매치해 살짝 보이시한 느낌이네요. 멋 내기의 악센트인 밀짚모자를 잊지 말아요!

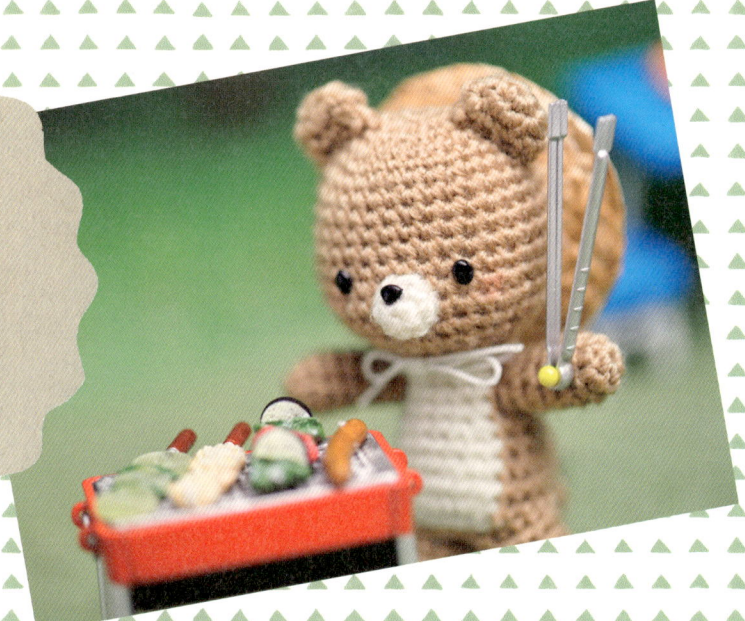

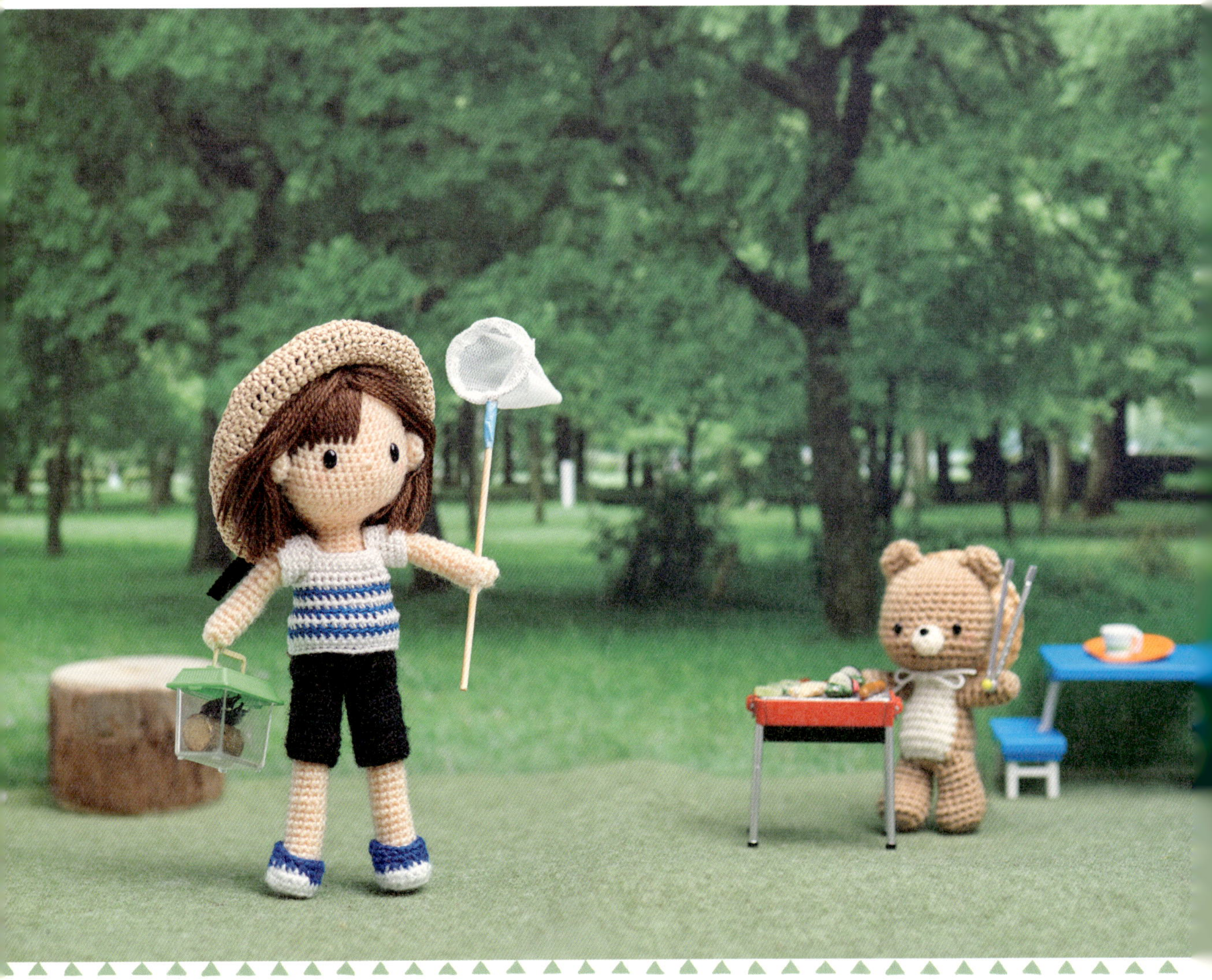

오늘의 **마코** 코디

12

30

22

19

# Beach 해수욕

**바**다에서 한창 신이 난 마코와 마론. 3단 프릴 튜닉에 쇼트 팬츠를 매치한 여름 코디로, 활달한 마코에게 딱 어울리죠!

오늘의
**마코 코디**

37

29

05

20

외출 코디

# Party 생일 파티

**홈** 파티에 초대받았어요.
에밀리는 복슬복슬한
양 느낌으로 흥겨운 기분을
표현했지요. 마론은 줄무늬
파티 모자로 모두의 인기를
독차지했어요!

오늘의
에밀리
코디

36

28

06

26

# PART 2

## 꿈의 코디

- - - - - - - - - - - - - - - - - - -

에밀리가 동경하는 직업의 의상이나
화려한 코스튬을 소개합니다!
어떤 스타일이 가장 어울릴까요?

레이스와 털실로 한껏 볼륨감을
더한 화려한 드레스. 섬세한 헤드
드레스에 부케까지 들고 나니 공
주님이 된 기분이랍니다♪

흰 장미가 예쁘죠?

단정하게 정리한 머리.

풍성한 프릴이 마음에 쏙 들어요♡

# 치어걸

새틴 리본을 이용한 미니스커트로
활기차게 기분 업!
빨강 수술과 양 갈래 머리 등 발랄
한 치어걸 연출도 포인트.

PLAY! PLAY!

오늘은 양 갈래 머리!

광택감 있는 스커트.

꿈의 코디

# 발레리나

레이스, 라인스톤, 비즈, 리본으로
화려하게 장식한 튀튀.
반짝반짝 빛나는 우아한 프리마돈
나로 변신♡

경단 머리를 한껏 귀엽게!

un, deux, trois♪

꿈이 담긴 발레 슈즈

반짝반짝 정말 좋아♡

## 웨이트리스

작은 캡과 하얀 에이프런의 원피
스가 복고적인 분위기.
마치 1950년대 미국의 웨이트리스
스타일 같죠?

뒷모습도 예쁘죠?

앞치마는 분리할 수 있어요.

모자는 비스듬히 쓰는 것이 포인트.

# 훌라 걸

라피아풍의 실로 만든 스커트가
포인트. 목에 건 레이와 머리에 꽃
은 히비스커스가 하와이안 분위기
를 절정으로 이끕니다.

알로하오에~♪

히비스커스가 결정 포인트!

꿈의 코디

모두 함께 춤춰요♪

# 산타 걸

폭신폭신한 흰색 트리밍과 벨트가
포인트인 원피스. 커다란 산타 모
자와 레이스업 부츠를 매치하면
세상에서 제일 귀여운 산타 완성!

모자는 살짝 큰 것이 귀여워요.

호호~ 추워요.

벨트는 필수 소품이죠?

## 스튜어디스

삼색의 연출이 인상적인 원피스.
머리에 가볍게 올린 토크 모자와
빨간 리본 스카프로 멋지게 마무
리해요.

다녀오겠습니다!

리본 스카프로 깔끔하게 마무리.

경단 머리를 단정하게.

Attention, please.

# PART 3

# 손뜨개 인형 DOLL의
# 기본 레슨

손뜨개 인형 DOLL을 만들 때 필요한 도구·재료,
만드는 방법을 상세하게 소개한다.

## 주요 도구와 재료

뜨개 사이트나 동대문종합시장에서
구매 가능하다.

### 재료

① 펠트 방울
② 9핀
③ 미니 단추
④ 미니 헤어핀
⑤ 타원형 눈*(6.5mm)
⑥ 라인스톤
⑦ 똑딱단추(6mm)
⑧ 토글 단추
⑨ 진주 비즈(4mm)
⑩ 반구 진주(4mm)
⑪ 미니 버클

*책에서는 꽂는 타입을 소개하고 있으나 우리는 주로 나사형과 단추형을
 사용. 나사형은 솜을 넣기 전에 꽂고 뒤쪽에서 와셔로 막아준다. 단추형은
 실로 꿰맨다.

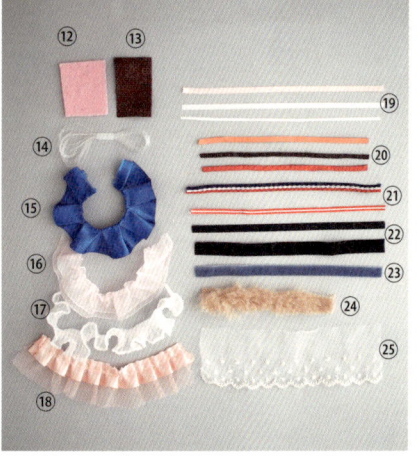

⑫ 펠트
⑬ 가죽 조각
⑭ 비즈용 투명 고무 끈
⑮ 새틴 프릴 리본
⑯ 오간자 프릴 리본
⑰ 조젯 주름 리본
⑱ 프릴 리본(메시)
⑲ 새틴 리본
⑳ 스웨이드 끈
㉑ 스트라이프 리본
㉒ 그로그램 리본
㉓ 벨벳 리본
㉔ 퍼 테이프
㉕ 튤 레이스

### 기본 도구

① 털실(하마나카 피콜로)
② 구름 솜
③ 셀로판테이프  ④ 목공용 본드  ⑤ 가위
⑥ 핀셋  ⑦ 양쪽 코바늘  ⑧ 돗바늘, 재봉 바늘
⑨ 형상 유지재(H204-593 테크노 로트)

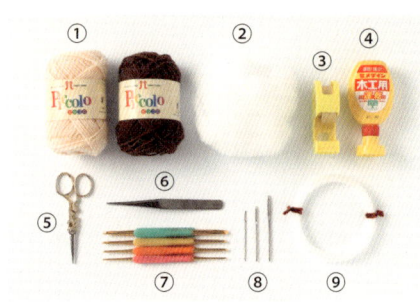

### 주요 사용 실

| | |
|---|---|
| | 티노(Tino) |
| | 아프리코(Aprico) |
| | 워시 코튼 〈크로셰〉 |
| | 워시 코튼(Wash Cotton) |
| | 에코 안다리아 〈크로셰〉 |
| | 에코 안다리아(Eco Andaria) |
| | 아마사C(Flax C) |
| | 엠퍼러(Emperor) |
| | 피콜로(Piccolo) |
| | 콜포쿨(Korpokkur) |
| | 하마나카 모헤어 |
| | 루나몰(Luna Mole) |
| | 소노모노 알파카 울 |
| | 소노모노 루프 |

※기본 도구 ①②⑦⑨, 사용 실은 모두 하마나카 제품이다.

# 손뜨개 인형 DOLL(에밀리) 만드는 법

**[실]** 〔본체〕
　　　 피콜로 #45(연주황색) 18g,
　　　 #21(갈색) 4g(마코는 #17(진갈색) 4g), #1(흰색) 2g
　　　 〔머리카락·심는 머리〕
　　　 티노 #13(갈색) 7g, (마코는 #14(진갈색) 5g)
　　　 〔머리카락·자수〕
　　　 티노 #13(갈색) 2g
**[바늘]** 코바늘 3/0호, 돗바늘
**[기타]** 타원 눈(꽂는 타입, 6.5mm) 2개, 9핀(0.7×40mm) 2개,
　　　 솜 15g, 핀셋, 테크노 로트(H204-593) 50cm,
　　　 셀로판테이프 약간, 볼연지 조금,
　　　 본드, 가위, 면봉 1개

**[만드는 방법]**
① 원형 시작코로 해서 각 부분을 도안대로 뜬다. 머리를 제외하고 다 뜬 뒤 실을 약 30cm 남겨서 자른다. 머리 부분은 21단까지 뜬 다음 편물을 뒤집어서 계속 뜬다.

② 머리 부분과 몸통에 솜을 채워, 돗바늘을 이용해 감침질로 연결한다. 감침질이 1/3 정도 남은 상태에서 목에 충분히 솜을 채우고 나머지를 잇는다.
③ 테크노 로트를 30cm(다리용), 20cm(팔용) 길이로 잘라, 몸통의 3단(다리)과 15단(팔)에 통과시킨다.
④ 각각의 테크노 로트 끝을 비틀고, 절단면을 셀로판테이프로 감아준다.
⑤ 팔다리를 테크노 로트에 끼우고, 안에 솜을 채워 감침질로 꿰맨다.
⑥ 귀를 달아준다.
⑦ 실을 30cm(마코는 20cm)로 156가닥 준비. 술 장식을 다는 요령으로 머리 심는 위치에 실을 붙인다.(자수 타입은 수를 놓는다)
⑧ 머리카락 길이를 맞춰 가지런히 자른다.
⑨ 인형 눈에 본드를 발라 꽂는다.
⑩ 코에 자수를 놓는다.
⑪ 면봉으로 볼에 가볍게 연지를 바른다.
⑫ 얼굴 윤곽을 정리한다.

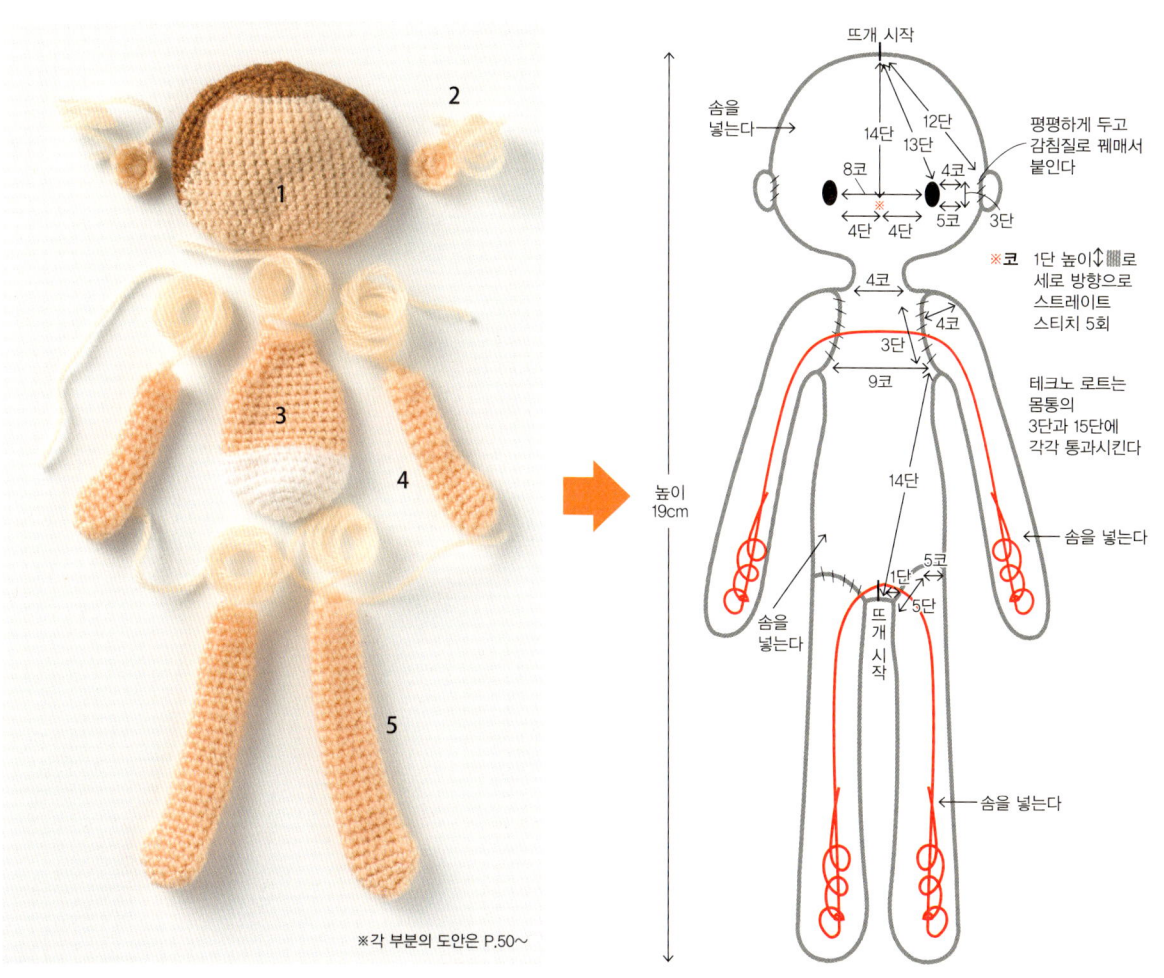

※각 부분의 도안은 P.50~

**1 머리** (1장)

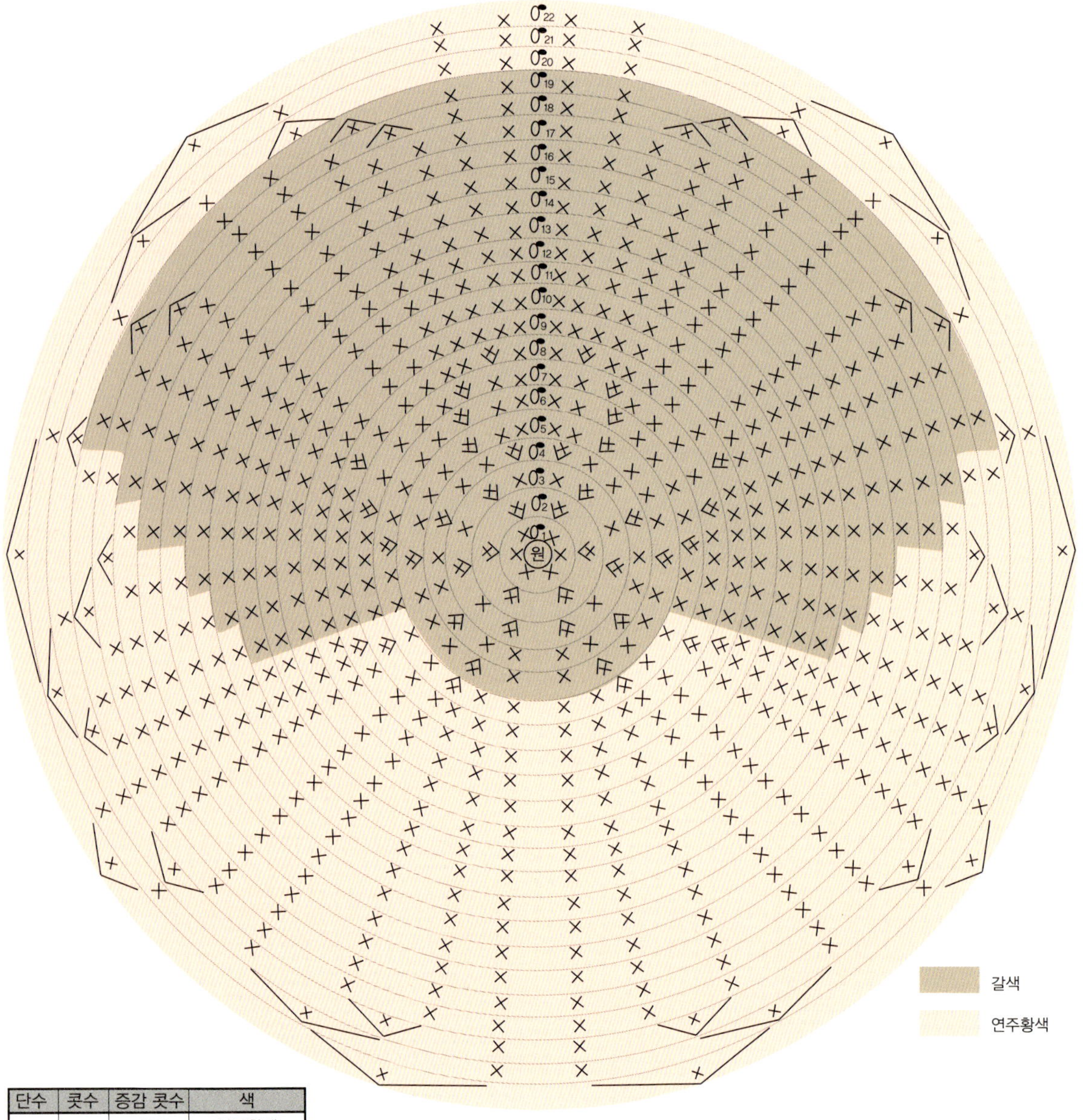

갈색

연주황색

| 단수 | 콧수 | 증감 콧수 | 색 |
|---|---|---|---|
| 22 | 12코 | −8코 | 연주황색 |
| 21 | 20코 | −6코 | 연주황색 |
| 20 | 26코 | −10코 | 연주황색 |
| 19 | 36코 | −6코 | 갈색／연주황색 |
| 18 | 42코 | −6코 | 갈색／연주황색 |
| 9〜17 | 48코 | 증감 없음 | 갈색／연주황색 |
| 8 | 48코 | +6코 | 갈색／연주황색 |
| 7 | 42코 | +6코 | 갈색／연주황색 |
| 6 | 36코 | +6코 | 갈색／연주황색 |
| 5 | 30코 | +6코 | 갈색 |
| 4 | 24코 | +6코 | 갈색 |
| 3 | 18코 | +6코 | 갈색 |
| 2 | 12코 | +6코 | 갈색 |
| 1 | 6코 | | 갈색 |

**2 귀** 연주황색(2장)

| 단수 | 콧수 | 증감 콧수 |
|---|---|---|
| 2 | 9코 | +3코 |
| 1 | 6코 | |

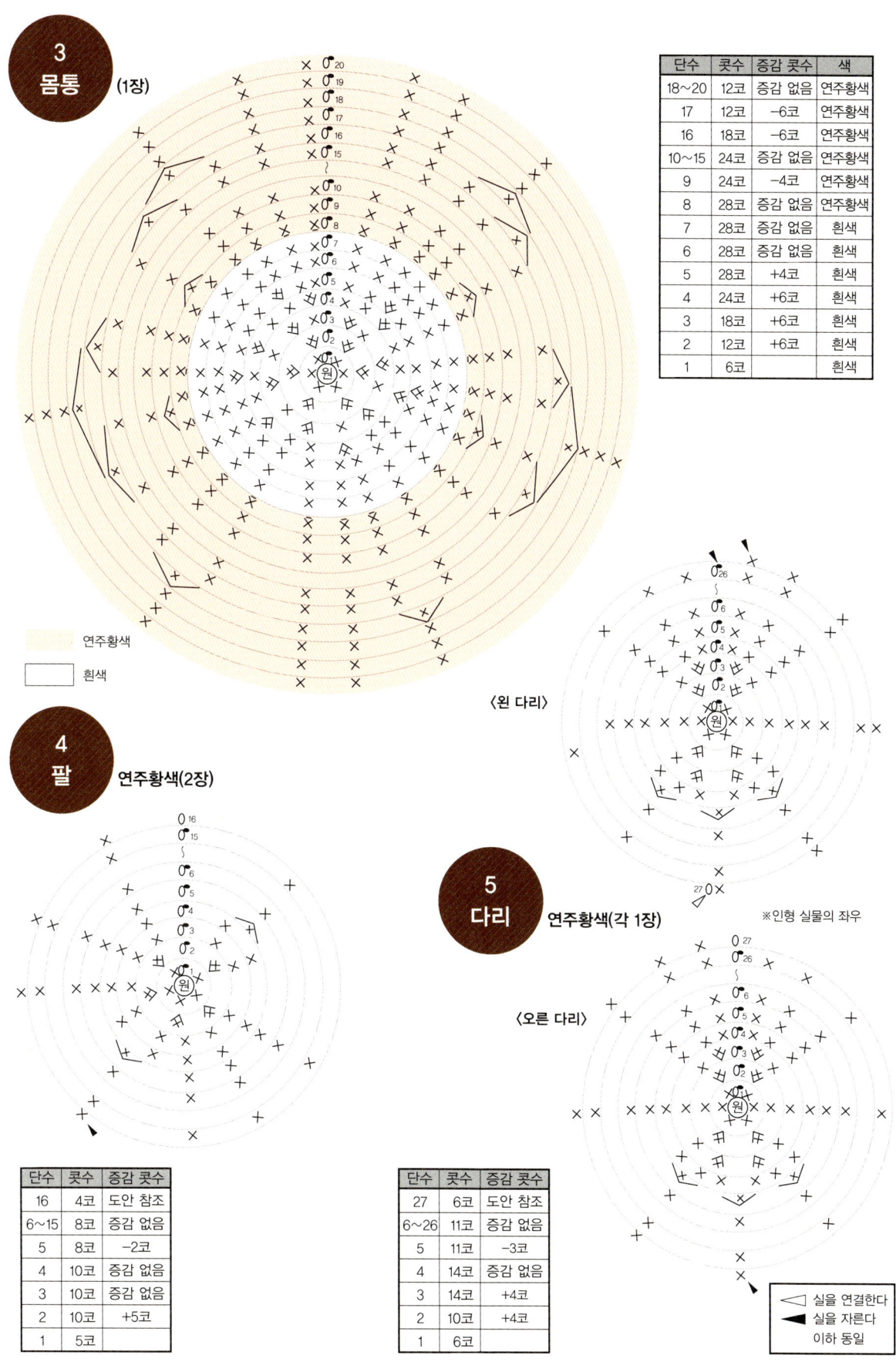

**3 몸통** (1장)

| 단수 | 콧수 | 증감 콧수 | 색 |
|---|---|---|---|
| 18~20 | 12코 | 증감 없음 | 연주황색 |
| 17 | 12코 | −6코 | 연주황색 |
| 16 | 18코 | −6코 | 연주황색 |
| 10~15 | 24코 | 증감 없음 | 연주황색 |
| 9 | 24코 | −4코 | 연주황색 |
| 8 | 28코 | 증감 없음 | 연주황색 |
| 7 | 28코 | 증감 없음 | 흰색 |
| 6 | 28코 | 증감 없음 | 흰색 |
| 5 | 28코 | +4코 | 흰색 |
| 4 | 24코 | +6코 | 흰색 |
| 3 | 18코 | +6코 | 흰색 |
| 2 | 12코 | +6코 | 흰색 |
| 1 | 6코 | | 흰색 |

연주황색

흰색

**4 팔** 연주황색(2장)

| 단수 | 콧수 | 증감 콧수 |
|---|---|---|
| 16 | 4코 | 도안 참조 |
| 6~15 | 8코 | 증감 없음 |
| 5 | 8코 | −2코 |
| 4 | 10코 | 증감 없음 |
| 3 | 10코 | 증감 없음 |
| 2 | 10코 | +5코 |
| 1 | 5코 | |

〈왼 다리〉

**5 다리** 연주황색(각 1장)

※인형 실물의 좌우

〈오른 다리〉

| 단수 | 콧수 | 증감 콧수 |
|---|---|---|
| 27 | 6코 | 도안 참조 |
| 6~26 | 11코 | 증감 없음 |
| 5 | 11코 | −3코 |
| 4 | 14코 | 증감 없음 |
| 3 | 14코 | +4코 |
| 2 | 10코 | +4코 |
| 1 | 6코 | |

실을 연결한다
실을 자른다
이하 동일

## 〈머리 만들기〉

**01** 갈색 실을 왼쪽 검지에 2번 감아서 원을 만든다.

**02** 손가락에서 원을 뺀다.

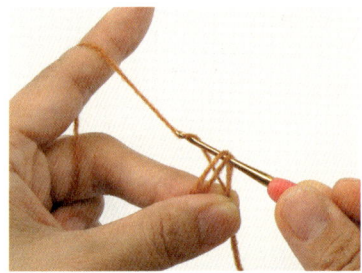

**03** 왼쪽 중지와 엄지로 원을 눌러 잡고, 검지에 실을 건 뒤 원 안으로 바늘을 통과시켜 실을 건다.

**04** 실을 끌어당기고 다시 실을 건다.

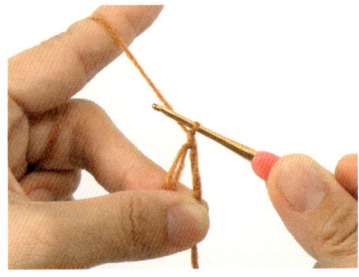

**05** 실을 당겨 뺀다. 기둥코로 사슬코를 1코 뜬 상태.

**06** 원 안으로 코바늘을 통과시켜 실을 걸어서 끌어당긴 뒤 다시 실을 걸어 고리 2개를 빼내서 짧은뜨기한다.

**07** 06을 반복해서 원 안에 짧은뜨기를 6코 한다.

**08** 코바늘을 원 안에 넣고, 짧은 실을 단단히 당겨서 원을 오므린다.

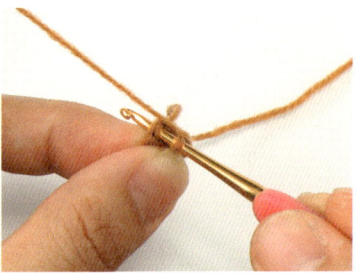

**09** 첫 번째 짧은뜨기 머리에 코바늘을 넣고,

**10** 코바늘에 실을 걸어,

**11** 실을 빼낸다. 1단 완성.

**12** 2단 기둥코로 사슬 1코를 뜬다.

**13** 아랫단 첫 번째 코의 머리에 코바늘을 넣는다.

**14** 짧은뜨기를 1코 한다.

**15** 같은 코에 바늘을 넣는다.

**16** 짧은뜨기를 1코 한다. 짧은뜨기를 2코 뜬 상태.

**17** 13~16을 5번 반복한 뒤 빼뜨기를 해서 2단 완성.

**18** 3단 이후도 도안과 같이 6단의 11번째 코까지 뜨고, 12번째 코의 짧은뜨기의 마지막에 실을 뺄 때에 연주황색 실로 바꾼다.

**19** 연주황색 실을 빼낸다.

**20** 갈색 실은 앞에 두고 쉬게 한다.

**21** 13~23번째 코까지 연주황색 실로 뜬다.

**22** 24번째 짧은뜨기의 마지막 실을 뺄 때 쉬고 있던 갈색 실을 코바늘에 걸어서,

**23** 실을 빼낸다.

**24** 25번째 코부터는 연주황색 실을 뒤쪽에 두고,

**25** 갈색 실로 감싸면서 떠준다.

**26** 17단까지 도안대로 뜬다.

**27** 18단은 우선 도안대로 짧은뜨기를 2코 한다.

**28** 아랫단의 짧은뜨기 머리에 바늘을 넣어서 실을 당기고, 다시 다음 코의 머리에 바늘을 넣어서 실을 끌어당긴다.

**29** 실을 걸어서 코바늘에 걸려 있는 고리 3개를 한 번에 빼낸다.

**30** 도안대로 21단까지 뜨고 편물을 뒤집어준다.

**31** 편물의 안을 겉으로 뒤집는다.

**32** 22단까지 뜨면 머리 완성.

## 〈몸통 만들기〉

**33** 도안대로 흰색 실로 7단 27코까지 뜬다.

**34** 28번째 짧은뜨기의 마지막 실을 뺄 때 연주황색 실로 바꾼다.

**35** 연주황색 실로 빼뜨기를 하고 8단의 기둥코로 사슬 1코를 뜬다.

**36** 도안대로 20단까지 뜬다.

**37** 몸통 완성. 머리 부분과 연결할 때 사용할 실을 약 30cm 남기고 자른다.

## 〈솜 채우기 ~ 머리와 몸통 연결하기〉

**38** 조금씩 솜을 떼어서 핀셋으로 속을 채운다.

**39** 머리 부분의 구석구석까지 단단히 채운다.

**40** 몸통도 단단히 솜을 채우고, 다 뜨고 남겨둔 실을 돗바늘에 꿰어.

**41** 머리와 몸통을 감침질로 꿰매 붙인다.

**42** 1/3 정도 남은 지점에서 감침질을 멈춘다.

**43** 머리가 흔들리지 않도록 틈새로 솜을 단단히 채워 넣는다.

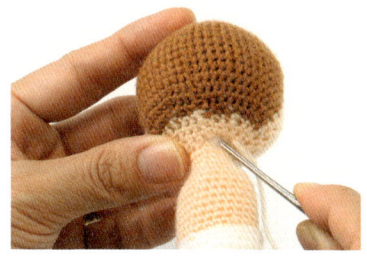

**44** 나머지를 꿰맨다.

**45** 머리와 몸통이 연결된 상태. 팔다리, 귀도 도안대로 떠놓는다.

## 〈팔다리 연결하기〉

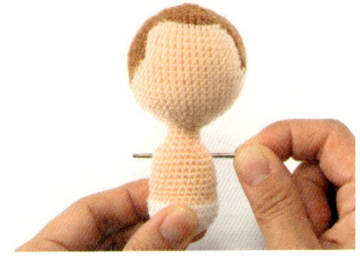

**46** 몸통 15단에 두꺼운 돗바늘을 통과시켜 구멍을 만든다.

**47** 돗바늘이 통과한 구멍에 20cm로 자른 테크노 로트를 조금씩 집어넣어.

**48** 완전히 관통시킨다.

**49** 동일하게 몸통 3단에도 30cm로 자른 테크노 로트를 통과시킨다.

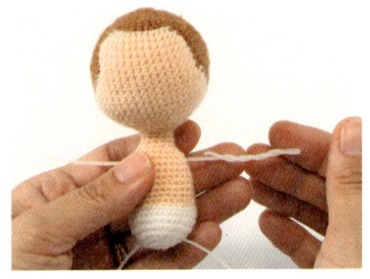

**50** 테크노 로트의 끝을 4cm 정도 구부려 비틀고, 셀로판테이프로 절단면을 감싼다.

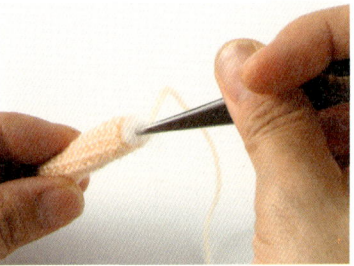

**51** 왼쪽 팔에 솜을 채운다.

**52** 테크노 로트에 왼쪽 팔을 끼운다.

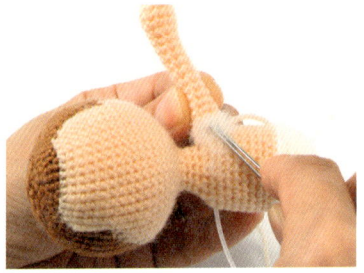

**53** 돗바늘로 절반까지 꿰매고, 부족한 부분에 솜을 채운 뒤 나머지를 꿰맨다.

**54** 오른팔도 솜을 채워가면서 꿰맨다. 양다리는 기둥코가 올라간 부분이 뒤쪽으로 가도록 해서 양팔과 똑같이 감침질로 몸통에 붙인다. 본체 완성.

## 〈귀 붙이기〉

**55** 머리의 지정 위치에 귀를 반으로 접어둔다.

**56** 귀를 평평하게 해서 뜨개 끝단과 머리 부분을 맞대 돗바늘로 감침질해서 꿰매 붙인다.

**57** 동일하게 반대쪽 귀도 꿰매준다.

## 〈머리카락 A 패턴〉 (심는 머리)

**58** 갈색 실(티노)을 약 30cm(마코는 20cm)로 잘라, 반으로 접어서 코바늘로 머리 부분의 1단에 빼낸다.

**59** 원 안으로 실을 통과시켜,

**60** 실을 당긴다.

**61** 같은 방법으로 1단의 6코 모두에 실을 붙인다.

**62** 머리 연출 도안을 참고해서 같은 방법으로 실을 붙인다.

**63** 각자 원하는 볼륨을 위해서 적당히 맘에 드는 곳에 실을 추가해도 좋다.

[머리 연출 도안]

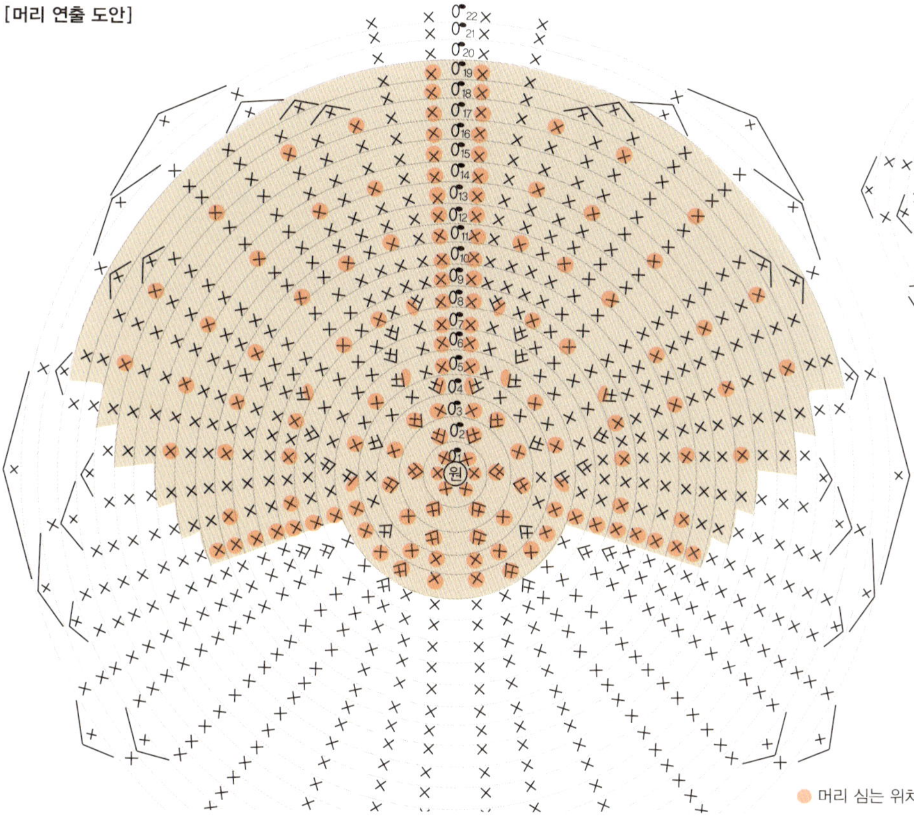

[에밀리 경단 머리]

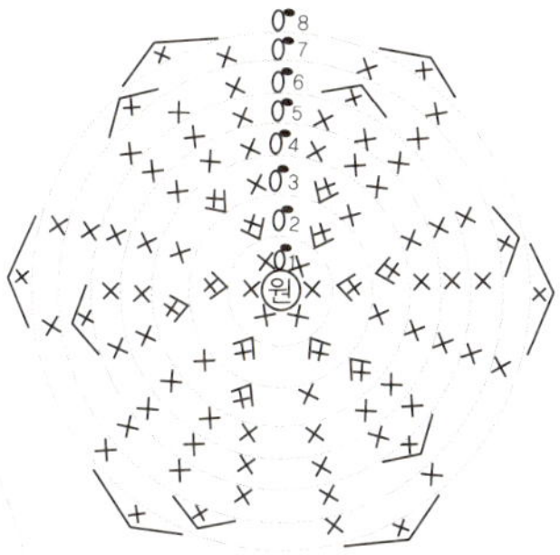

● 머리 심는 위치

| 단수 | 콧수 | 증감 콧수 |
|---|---|---|
| 8 | 6코 | −6코 |
| 7 | 12코 | −3코 |
| 6 | 15코 | −3코 |
| 5 | 18코 | 증감 없음 |
| 4 | 18코 | 증감 없음 |
| 3 | 18코 | +6코 |
| 2 | 12코 | +6코 |
| 1 | 6코 | |

## 〈머리카락 B 패턴〉(자수)

**64** 약 120cm로 자른 갈색 실 4줄을 돗바늘에 꿴다.

**65** 헤어라인에 실을 통과시켜,

**66** 정수리 부분에 실을 꽂는다.

**67** 1코 옆으로 바늘을 빼 다시 정수리에서 헤어라인으로 실을 내린다.

**68** 1코 옆에서 바늘을 빼내고,

**69** 헤어라인에서 정수리, 정수리에서 헤어라인으로 실을 반복해 왕복한다.

## 〈경단 머리 만들기〉 ※도안은 P.57

**70** 실을 겹쳐가면서 **64~69**를 반복하고, 머리 전체에 실이 채워지면 완성.

**71** 도안대로 경단을 만들고, 다 뜬 실을 약 30cm 남기고 자른다. 9핀을 반으로 접어 끝에 본드를 발라 안에 솜을 채워서 꽂는다.

**72** 재차 솜을 단단히 채운다.

**73** 끝에 남겨둔 실을 돗바늘에 꿰어 8단의 바깥쪽 반 코에 중심에서 바깥쪽으로 넣는다. 이것을 남은 6코에 동일하게 반복한다.

**74** 실을 단단히 잡아당긴다.

**75** 9핀 끝 고리 안에 실을 통과시켜 여러 번 입구 부분을 꿰맨다.

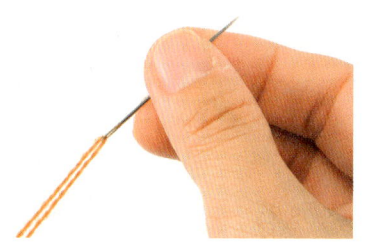

**76** 갈색 실을 약 60cm로 잘라 바늘에 꿰어 2줄이 되도록 만든다.

**77** 입구(위쪽)로 실을 뺀다.

**78** 동일하게 위에서 아래로 경단을 감싸듯이 실을 이동한다.

**79** 편물이 보이지 않도록 전체를 감싸면 완성.

**80** 정수리 부분에 꽂으면 경단 머리 완성. 좌우로 붙일 경우 2개 만든다.

## 〈머리 다발 만들기〉 ※길이, 볼륨은 취향대로

**81** 세 손가락에 갈색 실을 약 35회 감고 실을 자른다.

**82** 다발을 손가락에서 빼 고리 모양 한쪽에 실을 통과시켜 묶고, 다른 한쪽은 가위로 자른다.

**83** 길이를 정돈하면 완성. 양 갈래로 할 경우는 2개 만든다. 머리 부분에 붙일 때는 원하는 위치의 편물에 실을 통과시켜 연결한다.

## 〈앞머리 만들기〉

**84** 헤어라인 부분에 실을 통과시켜 이마에 돗바늘을 넣고,

**85** 다시 헤어라인으로 돗바늘을 빼내 실로 가닥을 연출한다.

**86** 동일하게 헤어라인에서 이마로 옮겨가며 실을 반복해서 채워 넣으면 앞머리 완성.

## 〈얼굴 만들기〉

**87** 꽂는 타입 눈의 다리 끝에 본드를 바른다.

**88** 지정한 위치에 눈을 꽂는다.

**89** 원하는 각도로 조정해 눌러 넣는다.

**90** 돗바늘에 연주황색 실을 꿰어 지정 위치에 코를 수놓는다.

**91** 볼연지를 면봉에 살짝 묻혀 흐릿하게 색을 바른다. ※취향대로

**92** 핀셋을 이용해 아래쪽이 볼록하게 볼을 부풀린다.

**93** 같은 방법으로 관자놀이가 들어가도록 만들어 얼굴에 입체감을 살린다.

**94** 턱이 볼록하게 나오게 한다.

**95** 손뜨개 인형 DOLL(에밀리) 완성.

## 〈입을 만들 경우〉 ※취향대로

빨강 실로 큰 입을 만들어주면 활기찬 인상.

빨강 실로 작은 입을 만들어주면 얌전한 인상.

## 〈헤어 커트〉

긴 머리의 경우는 가장 짧은 머리카락에 맞
춰서 자른다.

보브 스타일로 할 경우는 머리카락을 아래
로 당겨 길이를 맞춰서 자른다.

## 〈헤어 스타일링〉

보브 스타일에 앞머리가 있음.

긴 머리 기본 타입.

양 갈래로 묶어 늘어뜨린 머리.

양 갈래로 땋은 머리.

경단 머리를 정수리에 붙인 스타일.

경단 머리를 양쪽에 붙인 스타일.

머리 다발을 양 갈래로 붙인 머리.

머리 다발을 1개 붙인 포니테일.

# 손뜨개 인형 DOLL(마론) 만드는 법

[실] 피콜로 #38(연갈색) 9g, #2(오프화이트) 1g
[바늘] 코바늘 3/0호, 돗바늘
[기타] 타원 눈(꽂는 타입, 4.5mm) 2개,
　　　손뜨개 인형 코(4.5mm) 검은색 1개, 구름 솜 6g,
　　　테크노 로트(H204-593) 15cm, 볼연지 조금,
　　　면봉 1개, 셀로판테이프 조금

[만드는 방법]
①원형 시작코로 해서 각 파트를 도안대로 뜬다. 머리 부분 이외는 완성 후 실을 약 30cm 남기고 자른다.
②머리 부분과 몸통에 솜을 채우고, 돗바늘을 사용해서 감침질로 연결한다. 1/3 정도 남은 상태에서 목에 단단히 솜을 채우고 마저 감침질로 연결한다.
③코에 솜을 채우고, 돗바늘을 사용해서 머리 부분에 꿰매준다.
④눈과 편물로 뜬 코에 본드를 발라 얼굴에 붙인다.
⑤돗바늘을 사용해서 귀를 머리 부분에 달아준다.
⑥테크노 로트를 몸통의 11단에 통과시킨다.
⑦테크노 로트의 끝을 비틀고 절단면에 셀로판테이프를 감는다.
⑧팔을 테크노 로트에 끼우고, 안에 솜을 채우고 나서, 돗바늘로 감침질해 연결한다.
⑨다리 안에 솜을 채우고, 돗바늘을 사용해서 몸통에 붙인다.
⑩꼬리 안에 솜을 채우고, 돗바늘을 사용해서 몸통에 붙인다.
⑪면봉으로 볼에 연지를 바른다.
※기본적인 조립은 P.55~ 참조.

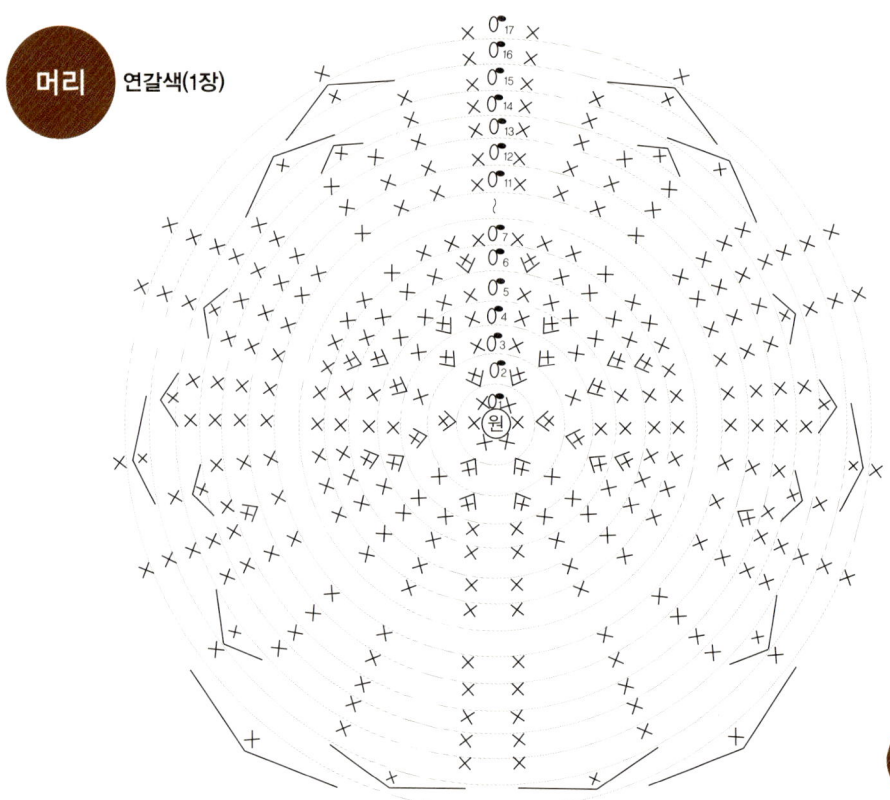

**머리** 연갈색(1장)

| 단수 | 콧수 | 증감 콧수 |
|---|---|---|
| 17 | 14코 | -2코 |
| 16 | 16코 | -6코 |
| 15 | 22코 | -6코 |
| 14 | 28코 | -6코 |
| 13 | 34코 | 증감 없음 |
| 12 | 34코 | +2코 |
| 7~11 | 32코 | 증감 없음 |
| 6 | 32코 | +4코 |
| 5 | 28코 | +4코 |
| 4 | 24코 | +6코 |
| 3 | 18코 | +6코 |
| 2 | 12코 | +6코 |
| 1 | 6코 | |

**귀** 연갈색(2장)

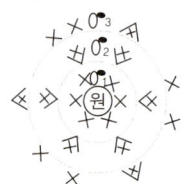

| 단수 | 콧수 | 증감 콧수 |
|---|---|---|
| 3 | 9코 | -3코 |
| 2 | 12코 | +6코 |
| 1 | 6코 | |

**코** 오프화이트(1장)

| 단수 | 콧수 | 증감 콧수 |
|---|---|---|
| 2 | 6코 | 증감 없음 |
| 1 | 6코 | |

**꼬리** 연갈색(1장)

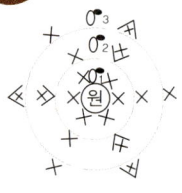

| 단수 | 콧수 | 증감 콧수 |
|---|---|---|
| 3 | 6코 | -3코 |
| 2 | 9코 | +3코 |
| 1 | 6코 | |

**팔** 연갈색(2장)

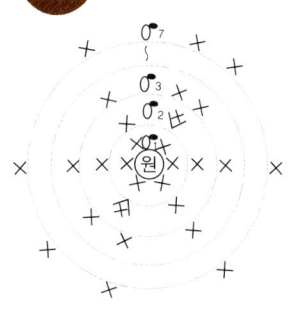

| 단수 | 콧수 | 증감 콧수 |
|---|---|---|
| 3~7 | 8코 | 증감 없음 |
| 2 | 8코 | +2코 |
| 1 | 6코 | |

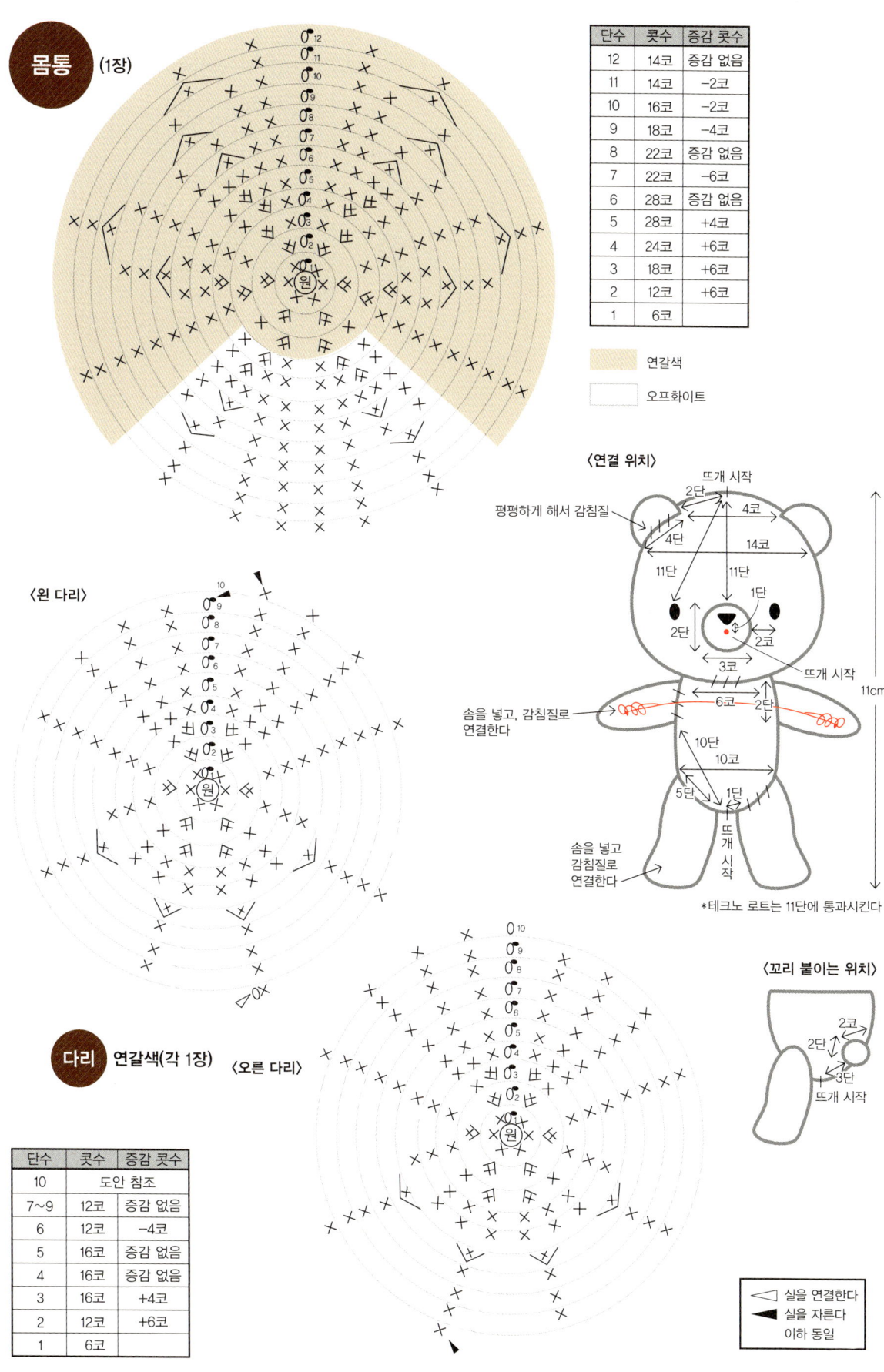

**몸통** (1장)

| 단수 | 콧수 | 증감 콧수 |
|---|---|---|
| 12 | 14코 | 증감 없음 |
| 11 | 14코 | -2코 |
| 10 | 16코 | -2코 |
| 9 | 18코 | -4코 |
| 8 | 22코 | 증감 없음 |
| 7 | 22코 | -6코 |
| 6 | 28코 | 증감 없음 |
| 5 | 28코 | +4코 |
| 4 | 24코 | +6코 |
| 3 | 18코 | +6코 |
| 2 | 12코 | +6코 |
| 1 | 6코 | |

연갈색

오프화이트

〈연결 위치〉

뜨개 시작
2단
4코
평평하게 해서 감침질
4단
14코
11단
11단
1단
2단
3코
뜨개 시작
솜을 넣고, 감침질로 연결한다
6코
2단
10단
10코
5단
1단
뜨개 시작
솜을 넣고 감침질로 연결한다
11cm

*테크노 로트는 11단에 통과시킨다

〈왼 다리〉

**다리** 연갈색(각 1장) 〈오른 다리〉

| 단수 | 콧수 | 증감 콧수 |
|---|---|---|
| 10 | 도안 참조 | |
| 7~9 | 12코 | 증감 없음 |
| 6 | 12코 | -4코 |
| 5 | 16코 | 증감 없음 |
| 4 | 16코 | 증감 없음 |
| 3 | 16코 | +4코 |
| 2 | 12코 | +6코 |
| 1 | 6코 | |

〈꼬리 붙이는 위치〉

2코
2단
3단
뜨개 시작

실을 연결한다
실을 자른다
이하 동일

How to make

63

## 01 코트 ▶ P.14、18

**[실]** 피콜로 #6(빨강) 12g,
워시 코튼 〈크로셰〉 #138(갈색) 1g
**[바늘]** 코바늘 3/0호, 돗바늘, 재봉 바늘
**[기타]** 퍼 테이프(폭 1cm) 12cm,
토글 단추 진갈색 1개, 갈색 재봉실 조금,
갈색 펠트 3cm 조각, 본드

**[만드는 방법]**
① 사슬뜨기 44코로 시작코를 만들고, 25단까지 도안
대로 몸판을 뜬다.
② 이어서 1바퀴 테두리 뜨기를 한다.

③ 진동둘레에서 16코를 주워서 소매를 뜬다.
④ 주머니 덮개를 뜬다.(2장) 다 뜨면 실을 약 30cm 남
기고 자른다.
⑤ 그림과 같이 토글 단추와 고리를 갈색 재봉실로 바
느질해 단다.
⑥ ⑤의 붙인 부분 위로 그림과 같이 펠트 조각을 본드
로 붙인다.
⑦ 퍼 테이프를 옷깃에 본드로 붙인다.
⑧ 주머니 덮개의 남겨둔 실에 돗바늘을 꿰어 몸판에
붙인다.

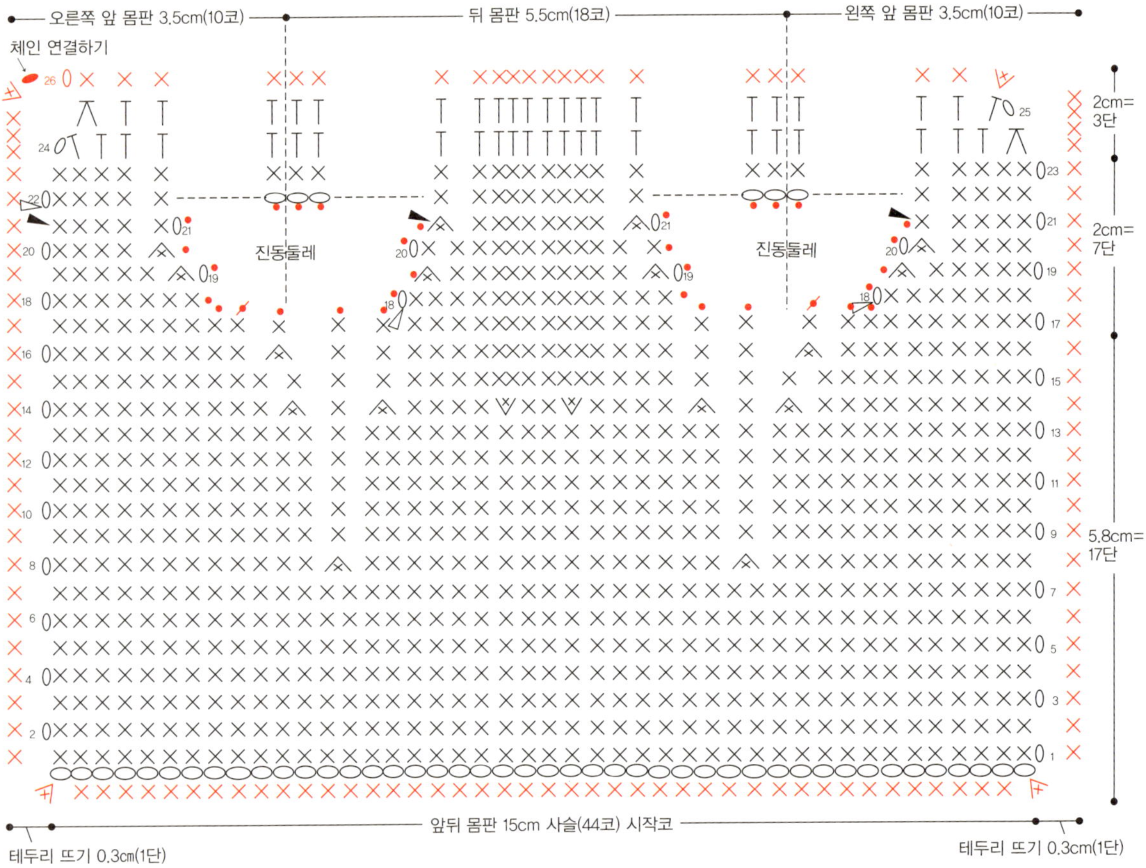

오른쪽 앞 몸판 3.5cm(10코) ── 뒤 몸판 5.5cm(18코) ── 왼쪽 앞 몸판 3.5cm(10코)

체인 연결하기

2cm=3단
2cm=7단
5.8cm=17단

진동둘레

테두리 뜨기 0.3cm(1단)
앞뒤 몸판 15cm 사슬(44코) 시작코
테두리 뜨기 0.3cm(1단)

● 소매 코 줍는 위치
↗ 소매 코 줍는 시작 위치

〈주머니 덮개〉

〈소매〉

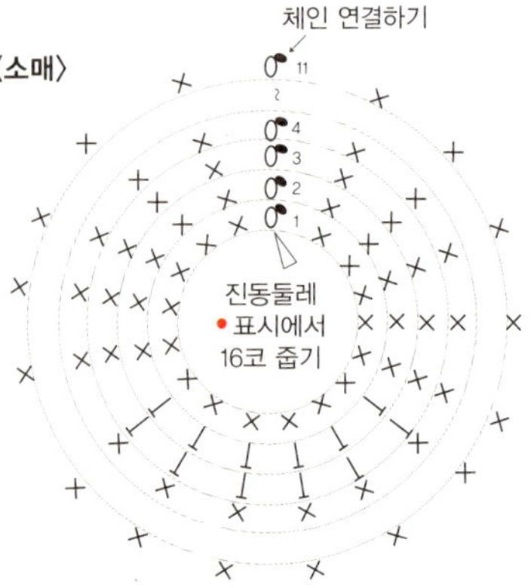

체인 연결하기

진동둘레
●표시에서
16코 줍기

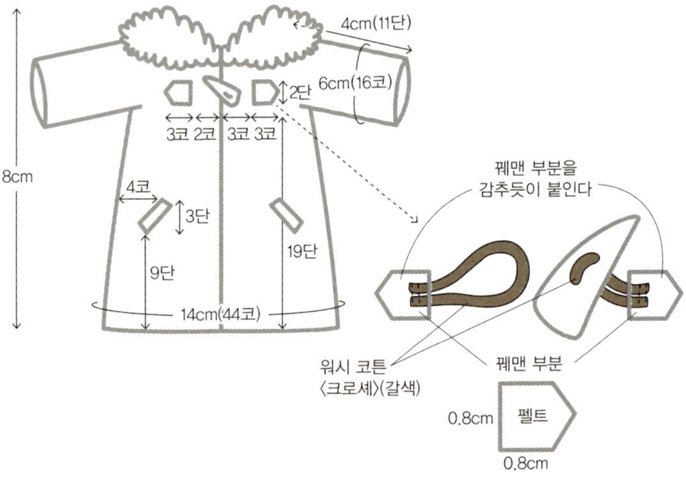

4cm(11단)
6cm(16코)
2단
3코 2코 3코 3코
8cm
4코
3단
9단
19단
14cm(44코)

꿰맨 부분을
감추듯이 붙인다

워시 코튼
〈크로셰〉(갈색)

꿰맨 부분

0.8cm 펠트

0.8cm

## 02 원피스 ▶ P.21

**[실]** 하마나카 모헤어 #1(흰색) 4g, #3(하늘색) 3g
**[바늘]** 코바늘 4/0호, 재봉 바늘
**[기타]** 그로그램 리본(폭 6mm) 20cm,
　　　 튤 레이스 21cm, 흰색 재봉실 조금,
　　　 똑딱단추 2쌍, 본드

**[만드는 방법]**
①사슬뜨기 34코로 시작코를 만들고, 도안대로 위 몸
　판을 뜬다.
②시작코의 반대쪽 코를 주워서 스커트를 도안대로
　뜬다.
③진동둘레에서 14코를 주워서 소매를 뜬다.
④튤 레이스에 주름을 잡아가며 허리 부분에 흰색 재
　봉실로 꿰매 달아준다.
⑤그로그램 리본을 허리 부분에 본드로 붙인다. 그로
　그램 리본으로 중앙에 리본을 만들어 본드로 붙인
　다.(그림 참조)
⑥재봉실로 똑딱단추를 달아준다.

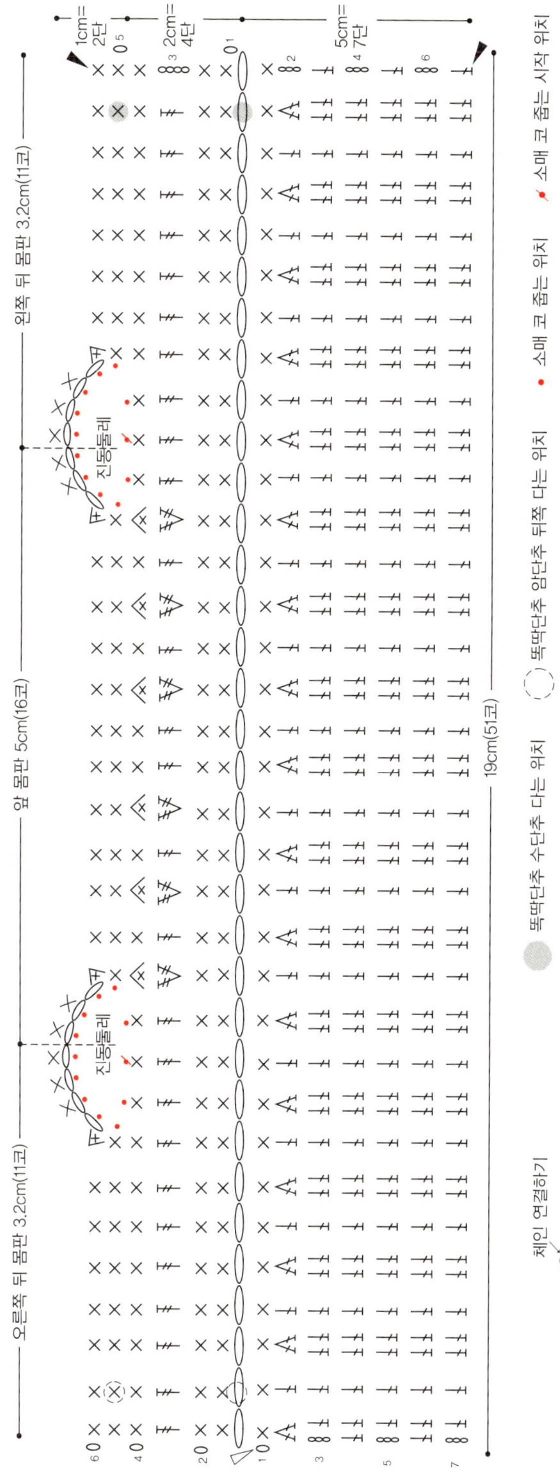

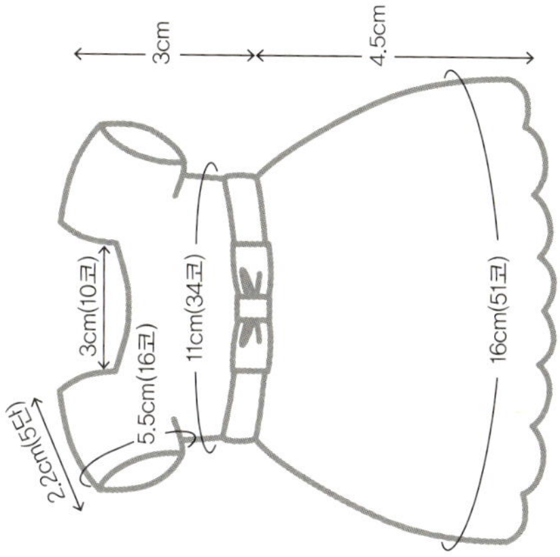

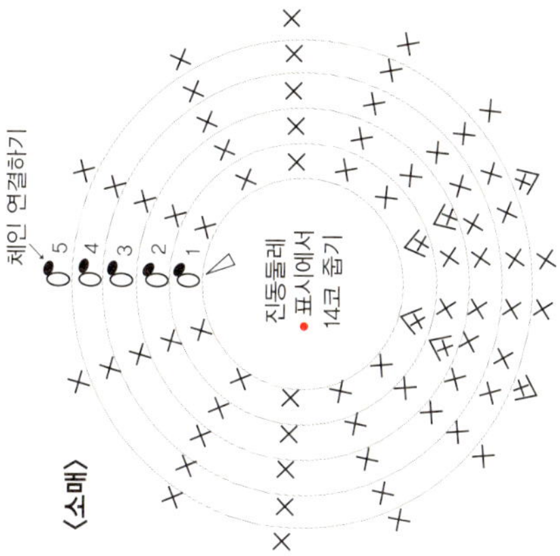

1cm=2단
0단
2cm=4단
3.2cm
5cm=7단

왼쪽 뒤 몸판 3.2cm(11코)

앞 몸판 5cm(16코)

19cm(51코)

오른쪽 뒤 몸판 3.2cm(11코)

진동둘레

진동둘레

소매 코 줍는 시작 위치

소매 코 줍는 위치

똑딱단추 오른쪽 뒤쪽 다는 위치

똑딱단추 수단추 다는 위치

똑딱단추 수단추 다는 위치

3cm

4.5cm

3cm(10코)

11cm(34코)

16cm(51코)

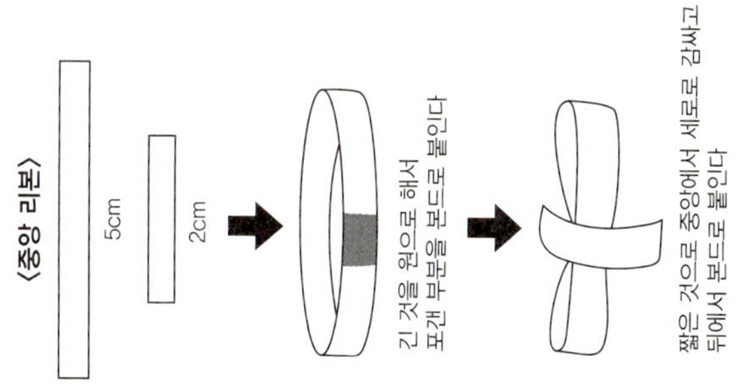

5.5cm(16코)

2.2cm(5단)

**How to make**

〈중앙 리본〉

5cm

2cm

긴 것을 원으로 해서
모잔부분을 뒤로 붙인다

짧은 것을 중앙에서 세로로 감싸
뒤에서 본드로 붙인다

〈소매〉

체인 연결하기

5 4 3 2 1

진동둘레
표시(•)에서
14코 줍기

## 03 민소매 원피스 ▶ P.14

[실] 피콜로 #41(연노랑) 6g, #20(검정) 1g
[바늘] 코바늘 3/0호, 돗바늘, 재봉 바늘
[기타] 검정 새틴 리본(폭 0.3cm) 15cm,
재봉실 조금, 똑딱단추 3쌍

[만드는 방법]
①사슬뜨기 34코로 시작코를 만들고, 도안대로 위 몸
  판을 뜬다.
②시작코 반대쪽 코를 주워서 스커트를 도안대로 뜬
  다. 이때 9단만 검정 실로 뜬다.
③같은 색의 별표끼리, 다 뜨고 남은 실에 돗바늘을
  꿰어 연결한다.
④재봉실로 똑딱단추를 달아준다.
⑤아래 그림과 같이 리본을 달아준다.

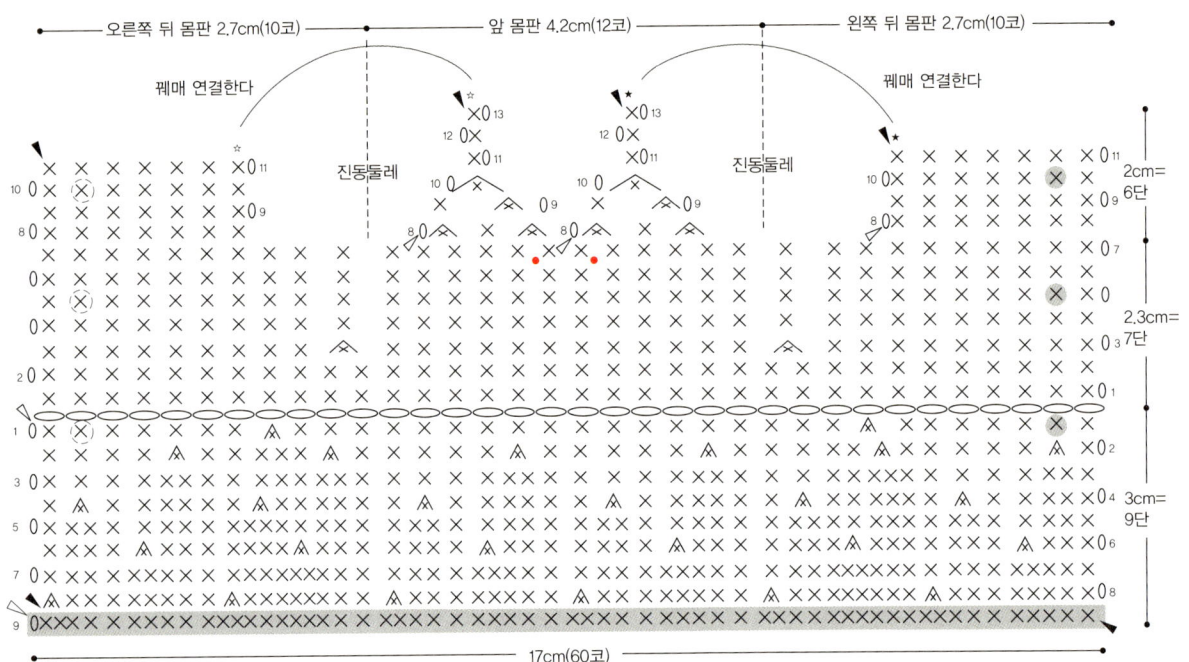

검정　　똑딱단추 수단추 다는 위치　　똑딱단추 암단추 안쪽 다는 위치

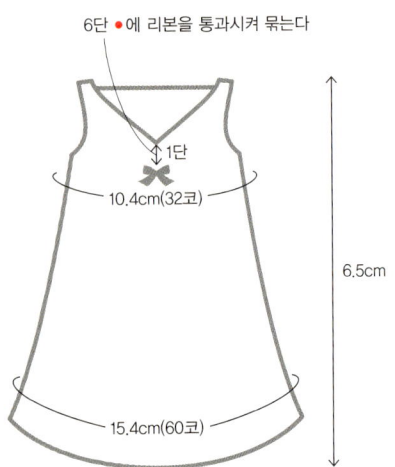

6단 ●에 리본을 통과시켜 묶는다

1단
10.4cm(32코)
6.5cm
15.4cm(60코)

66

# 04 니트 원피스 ▶ P.12

[실] 피콜로 #5(진분홍) 8g, #38(연갈색) 1g
[바늘] 코바늘 3/0호, 4/0호, 돗바늘, 재봉 바늘
[기타] 인형 눈 단추(2mm) 3개, 구름 솜 조금,
　　　재봉실 조금, 흰색 펠트 1cm 조각,
　　　똑딱단추 1쌍, 본드

[만드는 방법]
①4/0호 코바늘로 사슬뜨기 26코를 원으로 해서(시작
코), 도안대로 13단까지 뜬다.

②14단부터는 왕복뜨기를 한다.
③시작코의 반대쪽 코를 주워 스웨터 밑단을 뜬다.
④진동둘레에서 16코를 주워 소매를 뜬다.
⑤3/0호 코바늘로 곰 아플리케 파츠를 뜬다. 각각 다
　뜨면 실을 약 30cm 남기고 자른다.
⑥원피스에 곰 아플리케 얼굴을 뒤집어서 돗바늘을
　사용해서 뜨고 남은 실로 꿰매어 붙인다. 이때 곰
　얼굴 안에 솜을 약간만 채운 뒤 귀를 꿰맨다.
⑦곰 인형 눈 단추를 눈, 코에 본드로 붙인다.
⑧재봉실로 똑딱단추를 달아준다.

〈원피스(진분홍)〉

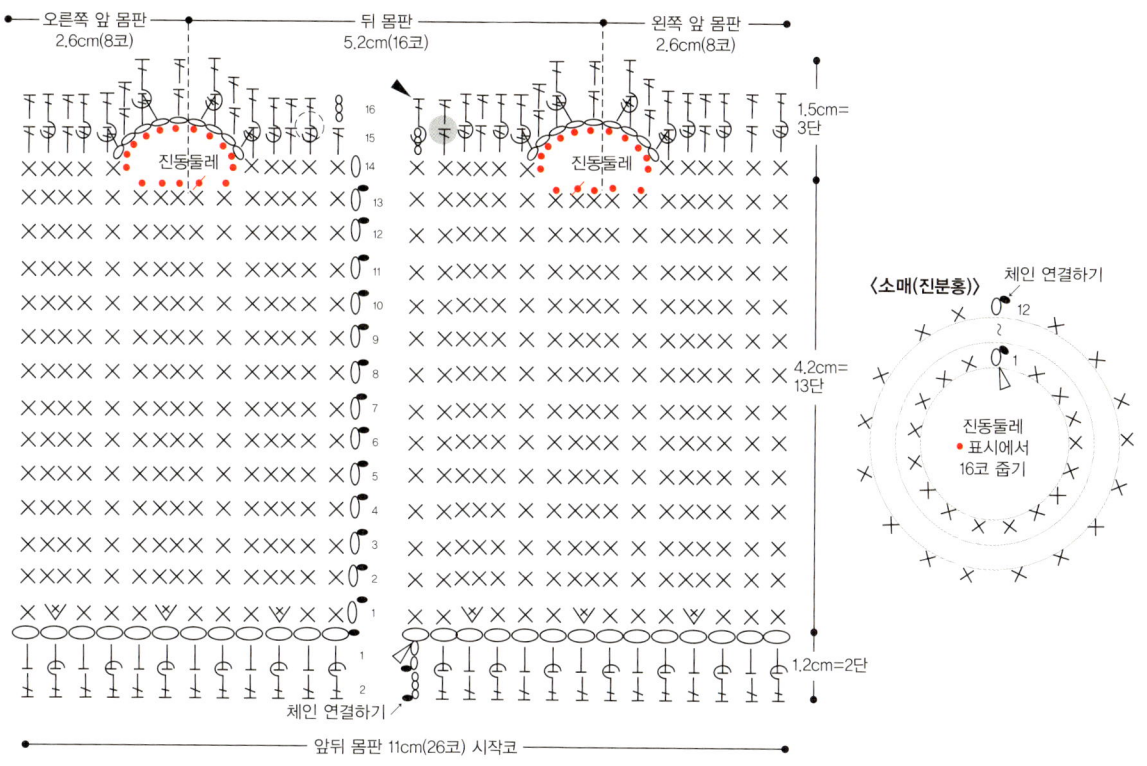

똑딱단추 수단추 다는 위치　똑딱단추 암단추 안쪽 다는 위치　• 소매 코 줍는 위치　소매 코 줍는 시작 위치

〈곰 아플리케 얼굴(연갈색)〉　〈곰 아플리케 귀(연갈색)〉

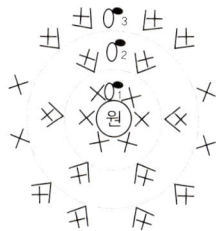

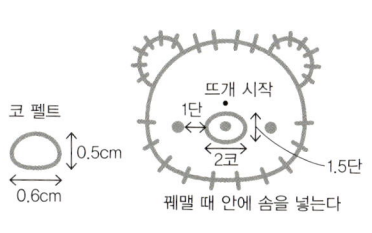

| 단수 | 콧수 | 증감 콧수 |
|---|---|---|
| 3 | 20코 | +8코 |
| 2 | 12코 | +6코 |
| 1 | 6코 | |

코 펠트
0.5cm
0.6cm

뜨개 시작
1단
2코
1.5단
꿰맬 때 안에 솜을 넣는다

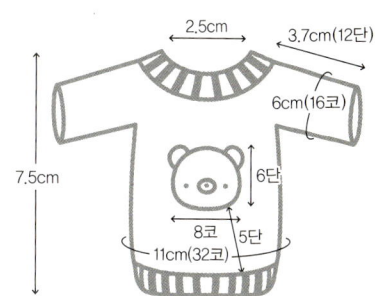

## 05 프릴 튜닉  ▶ P.30

[실] 워시 코튼 #27(노랑) 7g,
　　 #29(오렌지) 5g, #36(빨강) 4g
[바늘] 코바늘 3/0호, 재봉 바늘
[기타] 재봉실 조금, 똑딱단추 3쌍

[만드는 방법]
① 사슬뜨기 34코로 시작코를 만들어, 도안대로 뜬다.
② 5단과 9단의 이랑뜨기는 정면의 반 코를 주워서 뜬다.(뒷면이 겉이 된다)
③ 시작코 부분과 5단과 9단의 남은 반 코를 주워서 프릴을 떠준다.(프릴 도안 참조)
④ 재봉실로 똑딱단추를 단다.

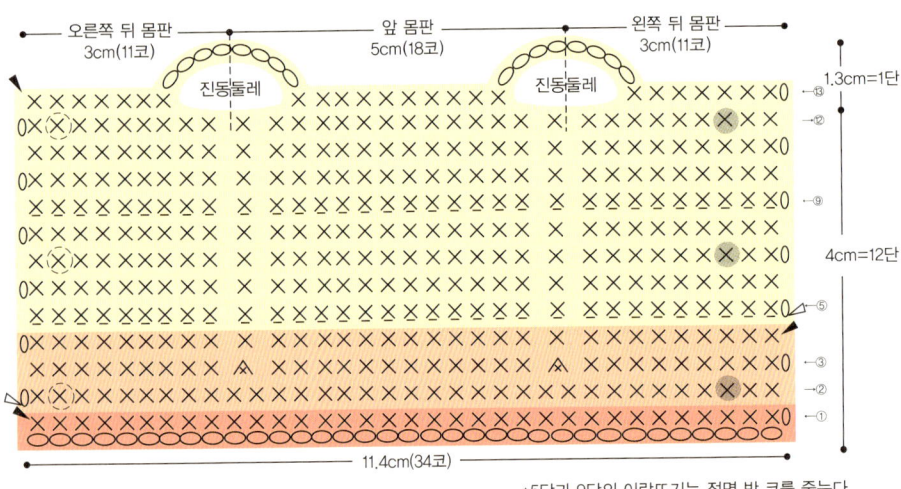

| 단수 | 색 |
|---|---|
| 13 | 노랑 |
| 12 | 노랑 |
| 11 | 노랑 |
| 10 | 노랑 |
| 9 | 노랑 |
| 8 | 노랑 |
| 7 | 노랑 |
| 6 | 노랑 |
| 5 | 노랑 |
| 4 | 오렌지 |
| 3 | 오렌지 |
| 2 | 오렌지 |
| 1 | 빨강 |
| 시작코 | 빨강 |

오른쪽 뒤 몸판 3cm(11코)　앞 몸판 5cm(18코)　왼쪽 뒤 몸판 3cm(11코)

진동둘레

1.3cm=1단
4cm=12단

11.4cm(34코)

*5단과 9단의 이랑뜨기는 정면 반 코를 줍는다

● 똑딱단추 수단추 다는 위치　◌ 똑딱단추 암단추 안쪽 다는 위치

〈프릴〉

확대

〈뒷면〉

진동둘레　진동둘레

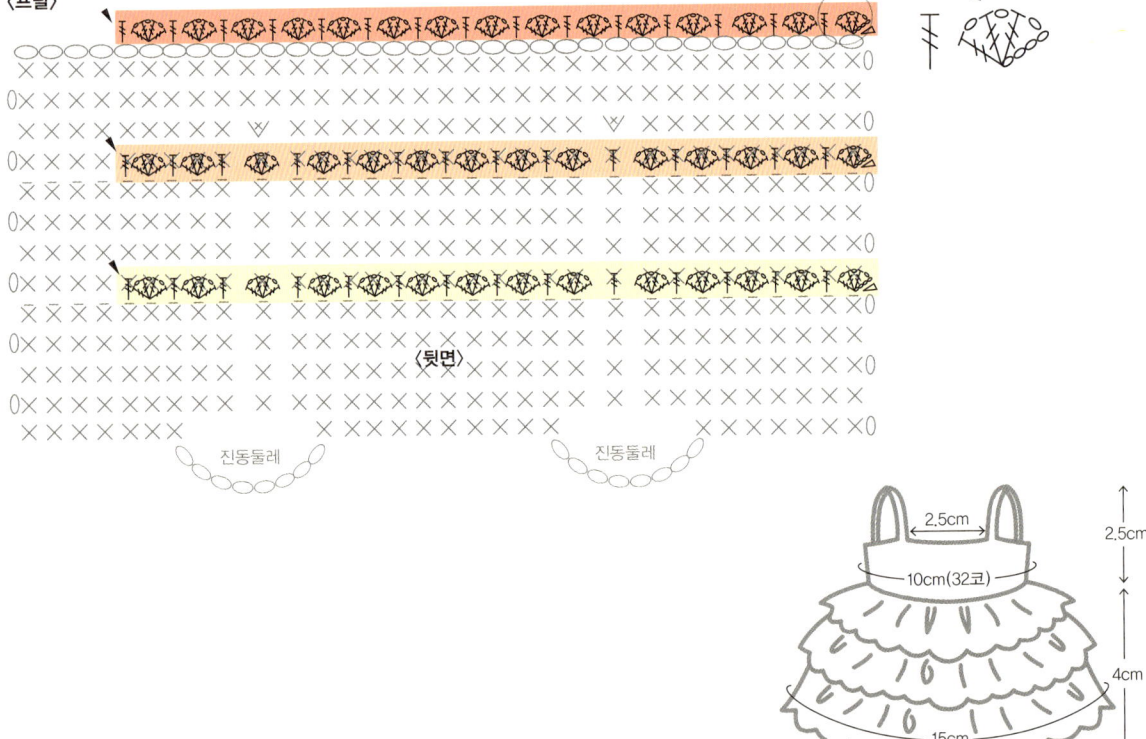

2.5cm
2.5cm
10cm(32코)
4cm
15cm

## 06 양 점퍼스커트 ▶ P.11、32

[실] 소노모노 루프 #51(흰색) 7g,
　　피콜로 #2(오프화이트) 2g
[바늘] 피콜로: 코바늘 3/0호,
　　　　소노모노 루프: 코바늘 5/0호, 재봉 바늘
[기타] 재봉실 조금, 똑딱단추 3쌍

[만드는 방법]
①사슬뜨기 32코로 시작코를 만들어, 도안대로 위 몸판을 뜬다.
②시작코 반대쪽에서 24코를 주워서 도안대로 스커트를 뜬다.
③재봉실로 똑딱단추를 단다.

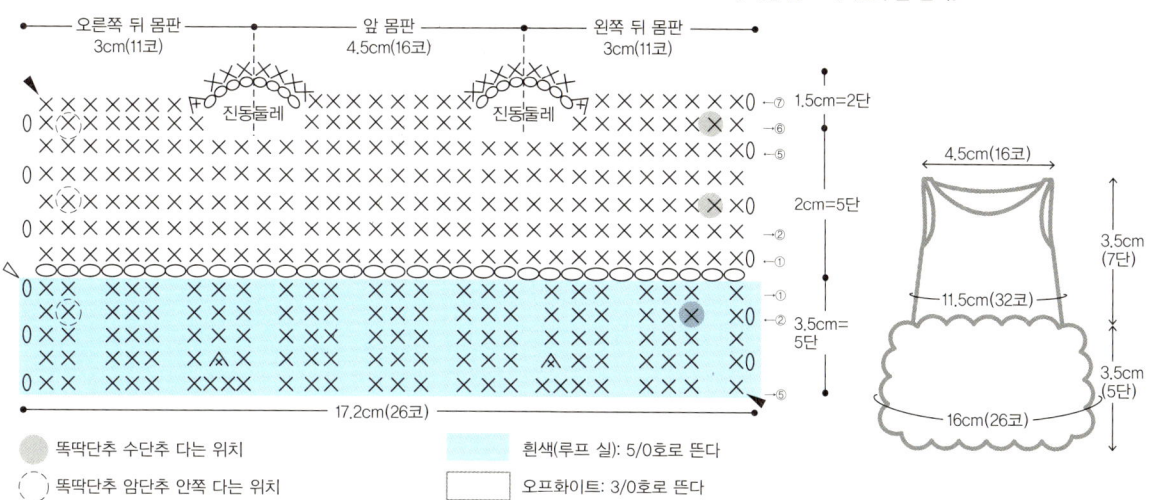

- 오른쪽 뒤 몸판 3cm(11코)
- 앞 몸판 4.5cm(16코)
- 왼쪽 뒤 몸판 3cm(11코)
- 진동둘레
- 17.2cm(26코)
- 1.5cm=2단
- 2cm=5단
- 3.5cm=5단
- 4.5cm(16코)
- 3.5cm(7단)
- 11.5cm(32코)
- 3.5cm(5단)
- 16cm(26코)

● 똑딱단추 수단추 다는 위치
◯ 똑딱단추 암단추 안쪽 다는 위치
(파란색) 흰색(루프 실): 5/0로 뜬다
(흰색 네모) 오프화이트: 3/0로 뜬다

## 28 양 모자 ▶ P.32

[실] 소노모노 루프 #51(흰색) 11g,
　　피콜로 #2(오프화이트) 5g
[바늘] 피콜로: 코바늘 3/0호,
　　　　소노모노 루프: 코바늘 6/0호
[기타] 펠트 분홍색 3×5cm, 본드

[만드는 방법]
①본체는 6/0호 코바늘을 사용해서 소노모노 루프로 뜬다.
②귀는 3/0호 코바늘을 사용해서 피콜로로 2장 뜬다. 이때 다 뜨고 나서 실을 약 20cm 남긴다.
③펠트로 귓속을 만들어 귀에 본드를 발라 붙인 뒤, 세로로 반을 접어서 본체의 남겨둔 실로 꿰매 단다.

[본체]

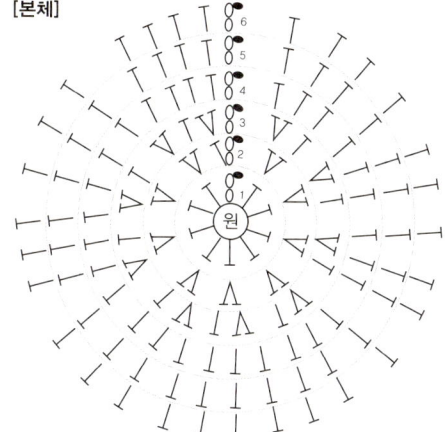

〈귀〉×2장

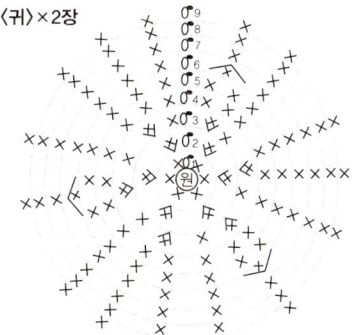

| 단수 | 콧수 | 증감 콧수 |
|---|---|---|
| 7~9 | 15코 | 증감 없음 |
| 6 | 15코 | -3코 |
| 5 | 18코 | 증감 없음 |
| 4 | 18코 | 증감 없음 |
| 3 | 18코 | +6코 |
| 2 | 12코 | +6코 |
| 1 | 6코 | |

| 단수 | 콧수 | 증감 콧수 |
|---|---|---|
| 4~6 | 30코 | 증감 없음 |
| 3 | 30코 | +10코 |
| 2 | 20코 | +10코 |
| 1 | 10코 | |

〈귓속〉×2장

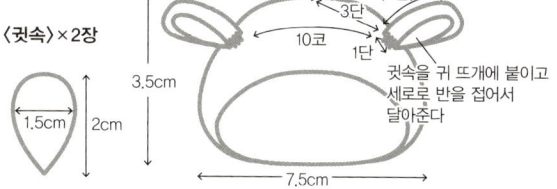

- 1.5cm
- 2cm
- 3.5cm
- 뜨개 시작
- 4.5cm(9단)
- 3단
- 10코
- 1단
- 7.5cm
- 귓속을 귀 뜨개에 붙이고 세로로 반을 접어서 달아준다

# 07 2Way 카디건 ▶ P.10、16、20、22

**[실]** 콜포쿨 #1(흰색) 9g
**[바늘]** 코바늘 3/0호, 재봉 바늘
**[기타]** 원형 단추(지름 5mm) 빨강 1개 · 노랑 1개 ·
　　　파랑 1개 · 녹색 1개, 재봉실 조금,
　　　똑딱단추 3쌍

**[만드는 방법]**
① 사슬뜨기 40코로 시작코를 만들고, 도안대로 몸판
　을 뜬다.
② 시작코 반대쪽 코를 주워서 밑단을 뜬다.
③ 진동둘레에서 16코를 주워서 소매를 뜬다.
④ 재봉실로 원형 단추를 달아준다.
⑤ 재봉실로 똑딱단추를 달아준다.

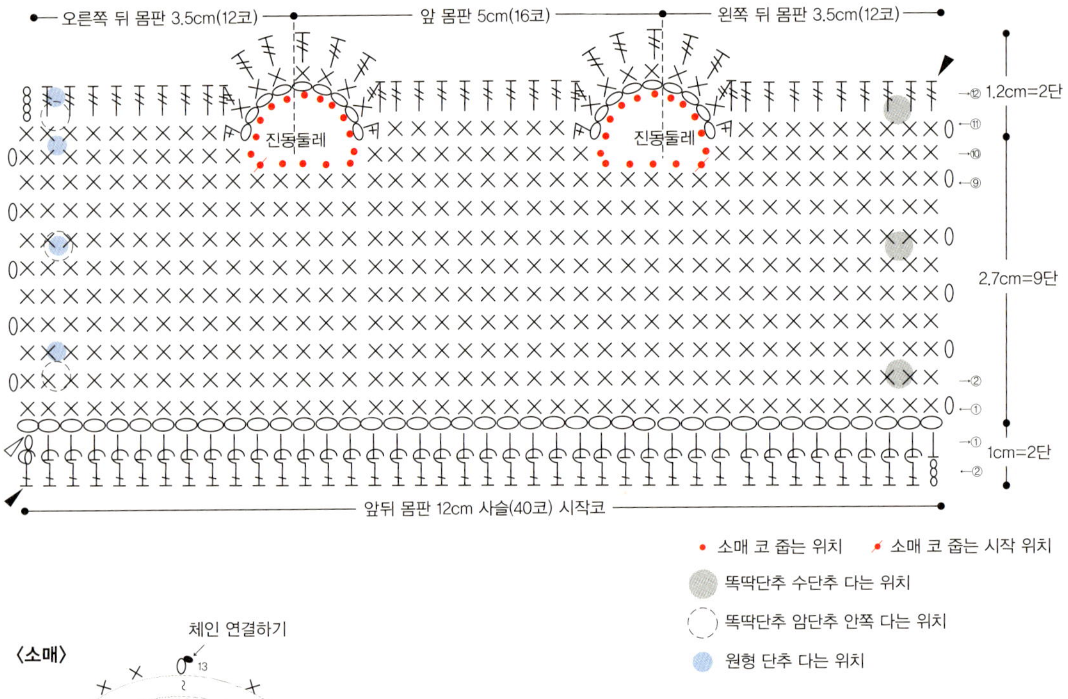

← 오른쪽 뒤 몸판 3.5cm(12코) → | ← 앞 몸판 5cm(16코) → | ← 왼쪽 뒤 몸판 3.5cm(12코) →

진동둘레　　진동둘레

⑫ 1.2cm=2단
⑪
⑩
⑨

2.7cm=9단

②
①

① 1cm=2단
②

← 앞뒤 몸판 12cm 사슬(40코) 시작코 →

● 소매 코 줍는 위치　　● 소매 코 줍는 시작 위치

● 똑딱단추 수단추 다는 위치

○ 똑딱단추 암단추 안쪽 다는 위치

● 원형 단추 다는 위치

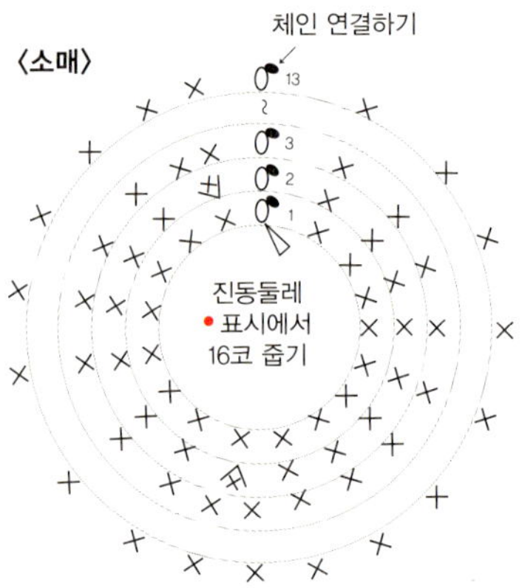

체인 연결하기

〈소매〉

진동둘레
● 표시에서
16코 줍기

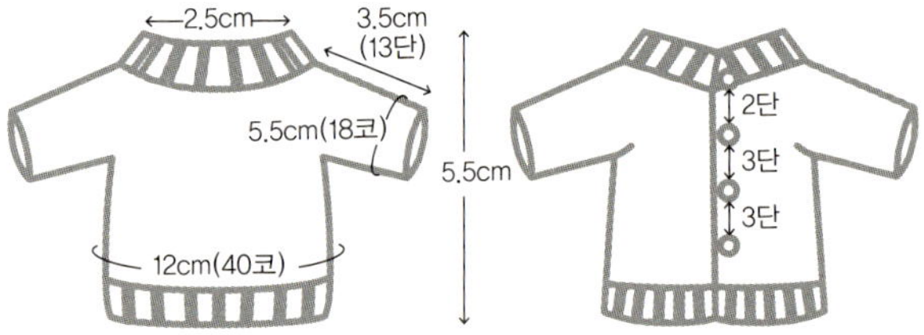

← 2.5cm →　　3.5cm
(13단)

5.5cm(18코)

2단
3단
3단

5.5cm

12cm(40코)

70

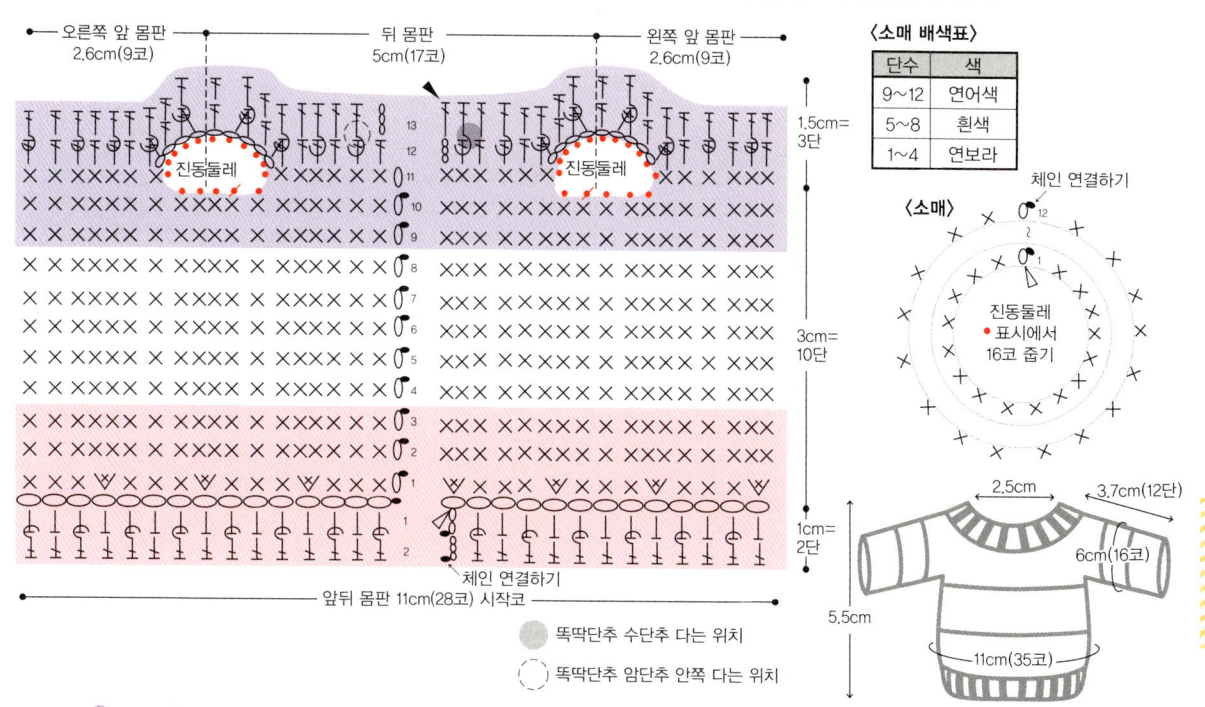

## 08 가로줄무늬 스웨터　▶ P.18、22

[실] 하마나카 모헤어 #8(연보라) 3g,
　　#2(연어색) 3g, #1(흰색) 2g
[바늘] 코바늘 4/0호, 재봉 바늘
[기타] 재봉실 조금, 똑딱단추 1쌍

[만드는 방법]
①4/0호 코바늘로 사슬뜨기 28코를 원으로 만들어서
　(시작코), 도안대로 10단까지 뜬다.
②11단부터는 왕복뜨기로 한다.
③시작코 반대쪽 코를 주워 스웨터 밑단을 뜬다.
④진동둘레에서 16코를 주워서 소매를 뜬다.
⑤재봉실로 똑딱단추를 달아준다.

〈소매 배색표〉

| 단수 | 색 |
|---|---|
| 9～12 | 연어색 |
| 5～8 | 흰색 |
| 1～4 | 연보라 |

오른쪽 앞 몸판 2.6cm(9코)
뒤 몸판 5cm(17코)
왼쪽 앞 몸판 2.6cm(9코)

진동둘레
진동둘레

1.5cm=3단
3cm=10단
1cm=2단

체인 연결하기

앞뒤 몸판 11cm(28코) 시작코

● 똑딱단추 수단추 다는 위치
○ 똑딱단추 암단추 안쪽 다는 위치

〈소매〉
체인 연결하기
진동둘레 ● 표시에서 16코 줍기

2.5cm
3.7cm(12단)
6cm(16코)
5.5cm
11cm(35코)

## 17 튀튀 스커트　▶ P.18

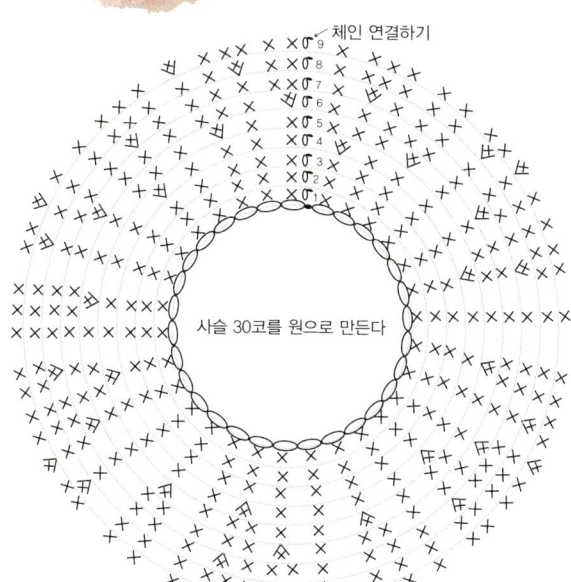

체인 연결하기

사슬 30코를 원으로 만든다

[실] 하마나카 모헤어 #8(연보라) 3g
[바늘] 코바늘 3/0호
[기타] 프릴 리본(폭 3cm) 19cm, 보라색 재봉실 조금

[만드는 방법]
①사슬뜨기 30코를 원으로 만들어(시작코), 도안대로
　뜬다.
②밑단 안쪽에 보라색 재봉실로 프릴 리본을 단다.

| 단수 | 콧수 | 증감 콧수 |
|---|---|---|
| 9 | 66코 | +6코 |
| 8 | 60코 | +6코 |
| 7 | 54코 | +6코 |
| 6 | 48코 | +6코 |
| 5 | 42코 | +6코 |
| 4 | 36코 | +6코 |
| 3 | 30코 | 증감 없음 |
| 2 | 30코 | 증감 없음 |
| 1 | 30코 | |
| 사슬 30코의 시작코 | | |

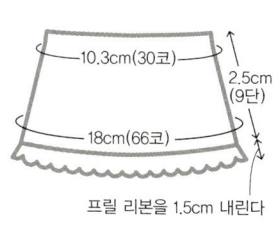

10.3cm(30코)
2.5cm(9단)
18cm(66코)
프릴 리본을 1.5cm 내린다

How to make

## 09 모헤어 스웨터 ▶ P.13   10 탱크톱 ▶ P.22、26
## 11 래글런 소매 티셔츠 ▶ P.26

[실] 09: 하마나카 모헤어 #63(그레이) 5g
10: 콜포콜 #22(노랑) 4g
11: 워시 코튼 〈크로셰〉 #101(흰색) 3g,
#142(녹색) 2g

[바늘] 코바늘 3/0호, 재봉 바늘

[기타] 와펜(11) 1장, 재봉실 조금,
똑딱단추 각 2쌍, 본드

[만드는 방법]
①모헤어 스웨터(09)는 사슬뜨기 38코로 시작코를 만들고, 전부 그레이 실로 도안대로 뜬다.

진동둘레에서 19코를 주워서 소매를 뜨고, 재봉실로 똑딱단추를 단다.
②탱크톱(10)은 사슬뜨기 38코로 시작코를 만들고, 전부 노랑 실로 도안대로 뜬다. 재봉실로 똑딱단추를 단다.
③래글런 소매 티셔츠(11)는 사슬뜨기 38코로 시작코를 만들고, 11단까지는 흰색 실로, 12·13단은 녹색 실로 뜬다. 진동둘레에서 15코를 주워서 소매를 뜨고, 재봉실로 똑딱단추를 단다. 와펜을 본드로 붙인다.

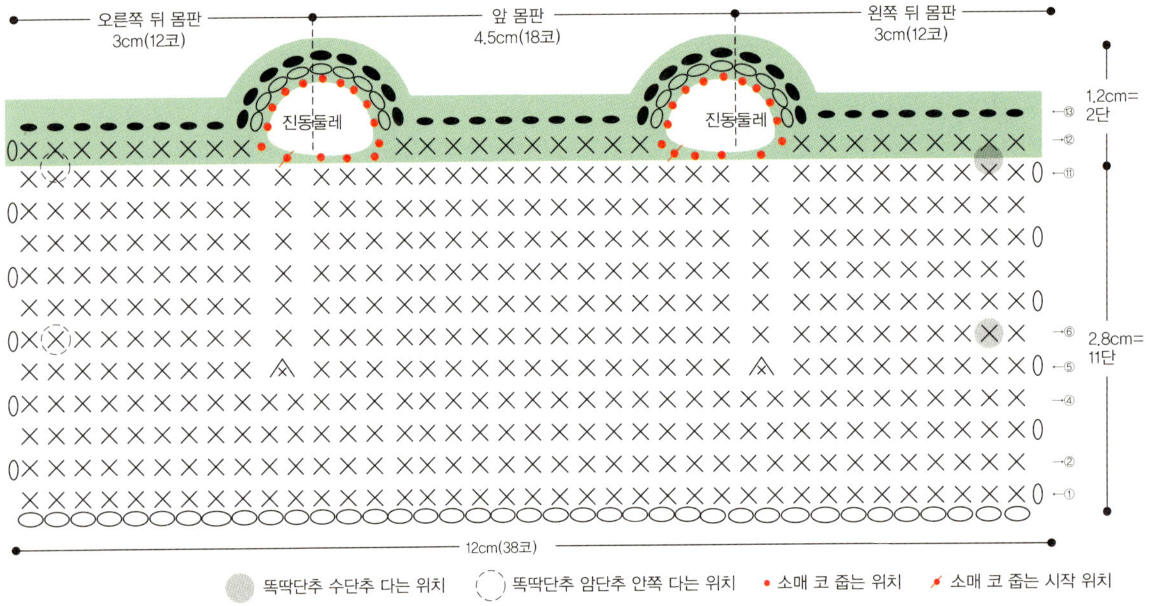

| 오른쪽 뒤 몸판 3cm(12코) | 앞 몸판 4.5cm(18코) | 왼쪽 뒤 몸판 3cm(12코) |
| --- | --- | --- |

진동둘레

1.2cm=2단
2.8cm=11단
12cm(38코)

● 똑딱단추 수단추 다는 위치   ◯ 똑딱단추 암단추 안쪽 다는 위치   • 소매 코 줍는 위치   ✎ 소매 코 줍는 시작 위치

〈모헤어 스웨터 소매〉
체인 연결하기
진동둘레 • 표시에서 19코 줍기

〈래글런 소매〉
체인 연결하기
진동둘레 • 표시에서 15코 줍기

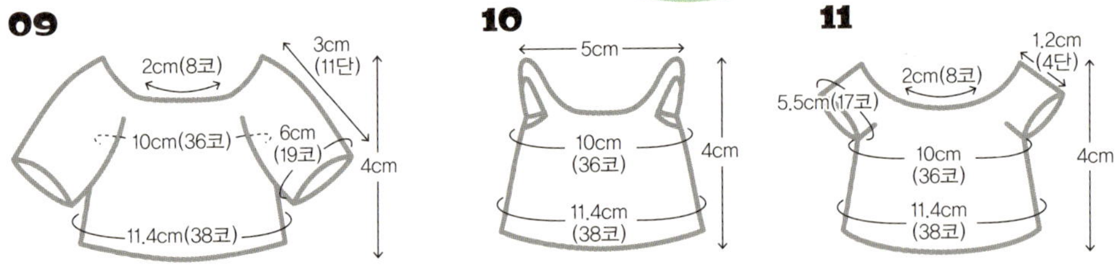

*래글런 소매 티셔츠
녹색
흰색

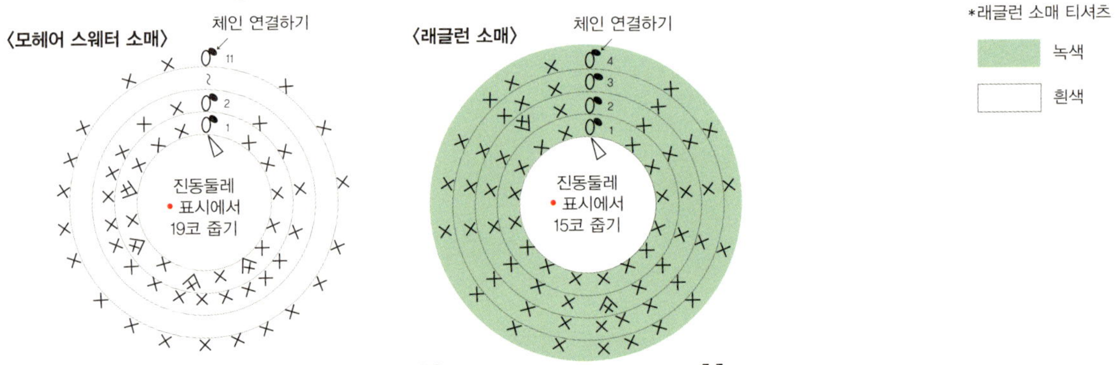

**09**
2cm(8코)
3cm(11단)
10cm(36코)
6cm(19코)
4cm
11.4cm(38코)

**10**
5cm
10cm(36코)
4cm
11.4cm(38코)

**11**
1.2cm(4단)
2cm(8코)
5.5cm(17코)
10cm(36코)
4cm
11.4cm(38코)

## 12 가로줄무늬 티셔츠 ▶ P.28

[실] 워시 코튼 〈크로셰〉 #101(흰색) 4g,
　　#124(파랑) 1g
[바늘] 코바늘 3/0호, 재봉 바늘
[기타] 재봉실 조금, 똑딱단추 2쌍

[만드는 방법]
①사슬뜨기 38코로 시작코를 만들고, 도안대로 뜬다.
　이때 4단, 6단, 8단의 이랑뜨기는 정면의 반 코를
　주워서 뜬다.
②진동둘레에서 15코를 주워서 소매를 뜬다.
③재봉실로 똑딱단추를 단다.

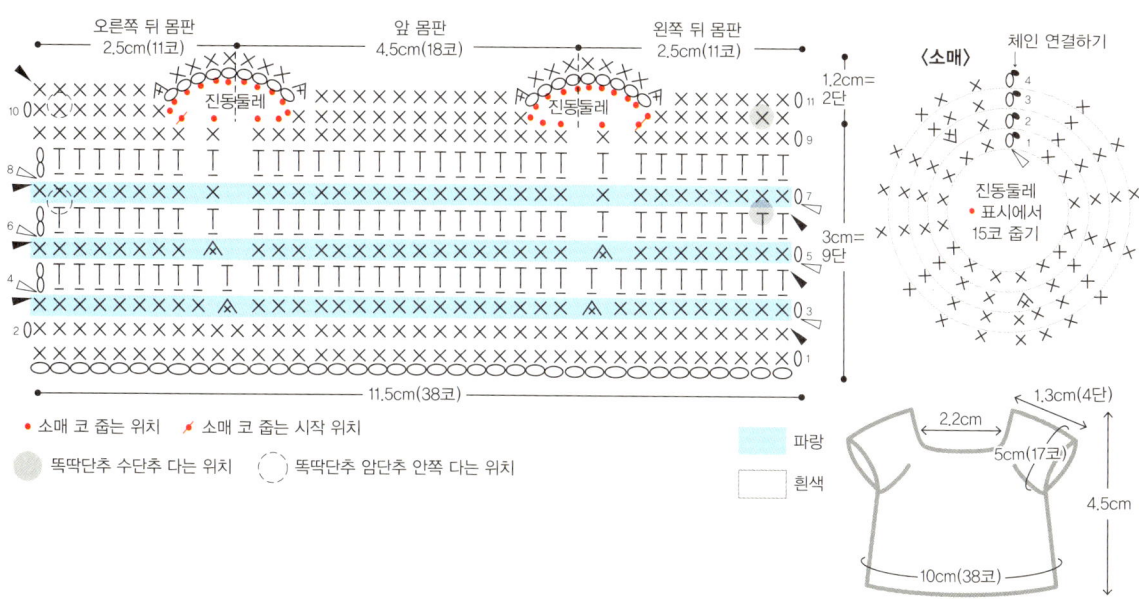

오른쪽 뒤 몸판 2.5cm(11코)　앞 몸판 4.5cm(18코)　왼쪽 뒤 몸판 2.5cm(11코)

진동둘레

11.5cm(38코)

• 소매 코 줍는 위치　◢ 소매 코 줍는 시작 위치

⬤ 똑딱단추 수단추 다는 위치　⭕ 똑딱단추 암단추 안쪽 다는 위치

〈소매〉
체인 연결하기
진동둘레 • 표시에서 15코 줍기

파랑
흰색

1.3cm(4단)
2.2cm
5cm(17코)
4.5cm
10cm(38코)

## 13 홀터넥 캐미솔 ▶ P.24

[실] 피콜로 #20(검정) 4g
[바늘] 코바늘 3/0호, 재봉 바늘
[기타] 재봉실 조금, 똑딱단추 1쌍

[만드는 방법]
①사슬뜨기 36코로 시작코를 만들고, 도안대로 뜬다.
②15단까지 뜨면 마지막 코에 이어서 사슬뜨기 40코
　를 뜬다.
③15단의 첫 코에 실을 연결해 사슬뜨기 40코를 뜬다.
④재봉실로 똑딱단추를 달아준다.

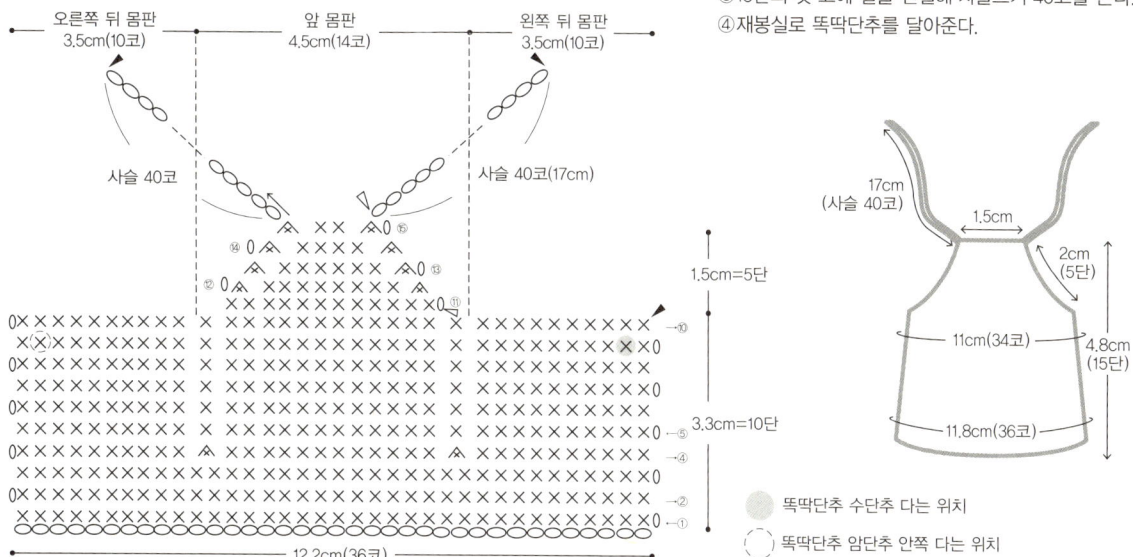

오른쪽 뒤 몸판 3.5cm(10코)　앞 몸판 4.5cm(14코)　왼쪽 뒤 몸판 3.5cm(10코)

사슬 40코　　사슬 40코(17cm)

1.5cm=5단

3.3cm=10단

12.2cm(36코)

17cm
(사슬 40코)
1.5cm
2cm
(5단)
11cm(34코)
4.8cm
(15단)
11.8cm(36코)

⬤ 똑딱단추 수단추 다는 위치
⭕ 똑딱단추 암단추 안쪽 다는 위치

## 14 미니스커트 ▶ P.13、26 ※벨트는 P.82 참조

[실] 피콜로 #47(코럴) 3g
[바늘] 코바늘 3/0호

[만드는 방법]
① 사슬뜨기 30코를 원으로 만들고(시작코), 도안대로 뜬다.
② 같은 실로 벨트 고리를 만든다. 지정된 위치 좌우 양 끝에 2개 만든다.

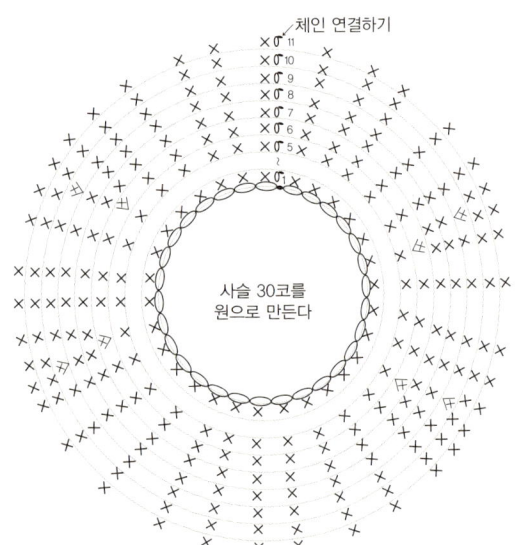

체인 연결하기

사슬 30코를 원으로 만든다

| 단수 | 콧수 | 증감 콧수 |
|---|---|---|
| 11 | 38코 | 증감 없음 |
| 10 | 38코 | 증감 없음 |
| 9 | 38코 | +4코 |
| 8 | 34코 | 증감 없음 |
| 7 | 34코 | 증감 없음 |
| 6 | 34코 | +4코 |
| 2~5 | 30코 | 증감 없음 |
| 1 | 30코 | |
| 사슬 30코의 시작코 | | |

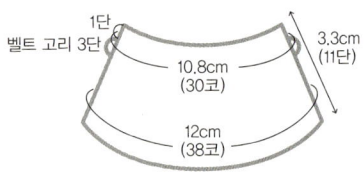

벨트 고리 3단
1단
10.8cm (30코)
3.3cm (11단)
12cm (38코)

## 15 랩스커트 ▶ P.16

[실] 피콜로 #27(겨자색) 4g
[바늘] 코바늘 3/0호, 재봉 바늘
[기타] 진갈색 스웨이드 끈(폭 0.2cm) 30cm, 재봉실 조금, 똑딱단추 1쌍, 본드

[만드는 방법]
① 사슬뜨기 36코로 시작코를 만들고, 도안대로 뜬다.
② 약 7cm로 자른 실 40가닥을 프린지(술 장식)용으로 준비한다.
③ 마지막 단 코의 머리에 1가닥씩 프린지를 달고 가지런히 자른다.(P.57, 과정 58~60 참조)
④ 재봉실로 똑딱단추를 달아주고, 본드로 스웨이드 끈을 붙인다.(그림 참조)

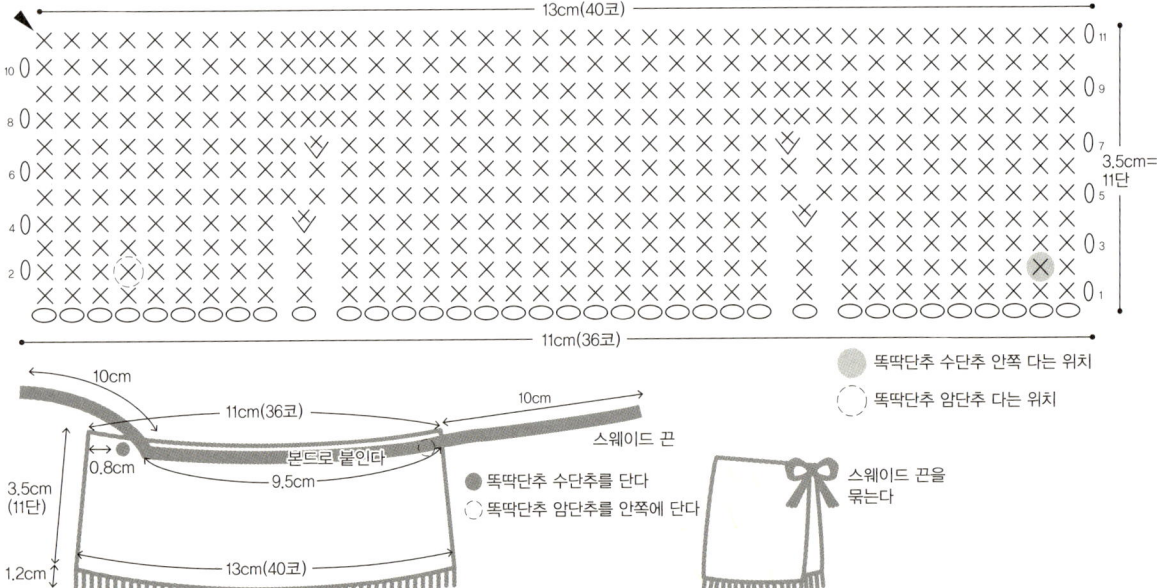

13cm(40코)

11cm(36코)

3.5cm=11단

● 똑딱단추 수단추 안쪽 다는 위치
○ 똑딱단추 암단추 다는 위치

10cm
11cm(36코)
10cm
스웨이드 끈
본드로 붙인다
9.5cm
0.8cm
3.5cm (11단)
1.2cm
13cm(40코)
● 똑딱단추 수단추를 단다
○ 똑딱단추 암단추를 안쪽에 단다

스웨이드 끈을 묶는다

## 16 솔잎뜨기 무늬 스커트 ▶ P.20

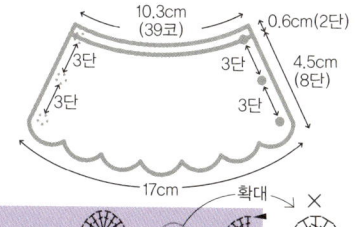

**[실]** 콜포쿨 #1(흰색) 3g, #9(보라) 3g, #20(파랑) 3g
**[바늘]** 코바늘 3/0호, 재봉 바늘
**[기타]** 재봉실 조금, 똑딱단추 3쌍

**[만드는 방법]**
① 사슬뜨기 43코로 시작코를 만들고, 솔잎뜨기로 8단 까지 뜬다.
② 이때 3단·5단·7단의 짧은뜨기는 아랫단의 한길긴 뜨기와 한길긴뜨기 사이를 다발로 주워서 뜬다.

③ 시작코 반대쪽 코를 주워서 허리 부분을 뜬다.
④ 재봉실로 똑딱단추를 달아준다.

| 파랑 |
| 보라 |
| 흰색 |

## 18 청바지 ▶ P.22、26 ※벨트는 P.82 참조

## 20 쇼트 팬츠 ▶ P.10、22、30

## 19 레깅스 ▶ P.28

**[실]** 18: 아마사C #6(네이비) 7g
19: 콜포쿨 #18(검정) 6g
20: 아마사C #6(네이비) 3g
**[바늘]** 코바늘 3/0호, 재봉 바늘

**[만드는 방법]**
① 사슬뜨기 16코를 원으로 만들고(시작코), 도안대로

밑아래 부분을 2장 뜬다. 이때 첫째 장은 다 뜬 실을 20cm 정도 남겨서 자른다. 둘째 장은 실을 자르지 않고 쉬게 한다.
② 다리 사이 밑 부분(↔)은 첫째 밑아래 뜨개의 남긴 실을 돗바늘에 꿰어 화살표 끝의 코에 감침질로 연결한다.
③ ①에서 쉬게 한 실로 계속 밑위 부분을 뜬다.
④ 같은 실로 벨트 고리를 만든다. 지정된 위치 좌우 양 끝에 실을 통과해 만든다.

*( ) 안은 쇼트 팬츠
( ) 안은 레깅스 단수

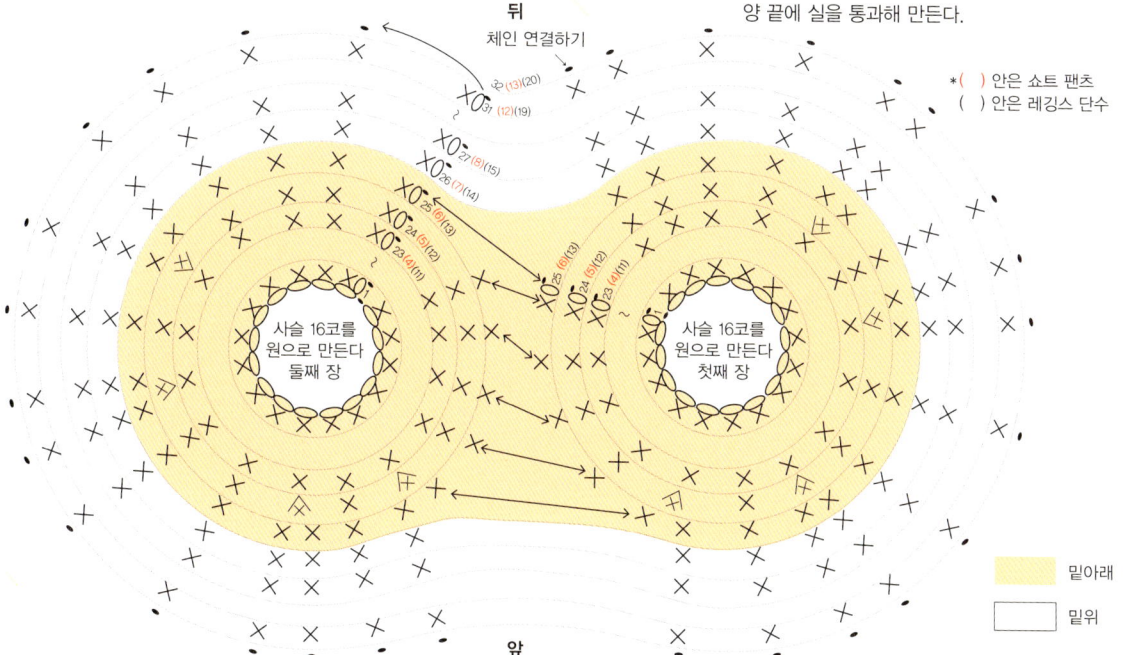

| 밑아래 |
| 밑위 |

※다음 페이지에 계속

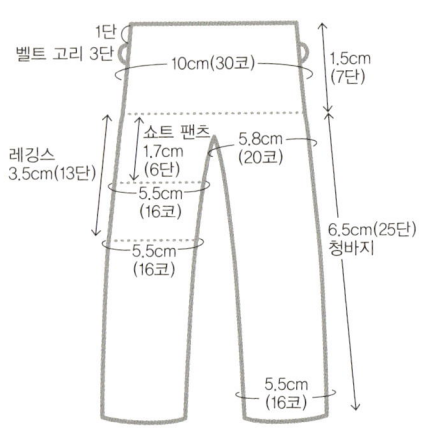

벨트 고리 3단 · 1단
10cm(30코)
1.5cm(7단)

레깅스 3.5cm(13단)
쇼트 팬츠 1.7cm(6단)
5.8cm(20코)
5.5cm(16코)
5.5cm(16코)

6.5cm(25단) 청바지

5.5cm(16코)

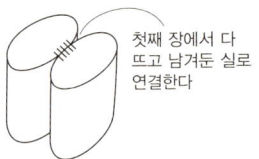

첫째 장에서 다 뜨고 남겨둔 실로 연결한다

〈청바지 밑아래〉

| 단수 | 콧수 | 증감 콧수 |
|---|---|---|
| 25 | 20코 | 증감 없음 |
| 24 | 20코 | +4코 |
| 2~23 | 16코 | 증감 없음 |
| 1 | 16코 | |
| 사슬 16코의 시작코 | | |

〈쇼트 팬츠 밑아래〉

| 단수 | 콧수 | 증감 콧수 |
|---|---|---|
| 6 | 20코 | 증감 없음 |
| 5 | 20코 | +4코 |
| 2~4 | 16코 | 증감 없음 |
| 1 | 16코 | |
| 사슬 16코의 시작코 | | |

〈레깅스 밑아래〉

| 단수 | 콧수 | 증감 콧수 |
|---|---|---|
| 13 | 20코 | 증감 없음 |
| 12 | 20코 | +4코 |
| 2~11 | 16코 | 증감 없음 |
| 1 | 16코 | |
| 사슬 16코의 시작코 | | |

## 21 와이드 팬츠 ▶ P.24

[실] 아마사C #3(베이지) 7g
[바늘] 코바늘 3/0호, 돗바늘

[만드는 방법]
①사슬뜨기 24코를 원형으로 만들고(시작코), 도안대로 밑아래(19단까지)를 2장 뜬다. 이때 첫째 장은 다

뜬 뒤 실을 20cm 정도 남겨서 자른다.
②다리 사이 밑 부분(↔)은 첫째 밑아래 뜨개에서 남긴 실을 돗바늘에 꿰어 화살표 끝의 코에 감침질로 연결한다.
③20단에 실을 걸어 밑위 부분을 뜬다.
④같은 실로 벨트 고리를 만든다. 지정된 위치 좌우 양 끝에 실을 통과해 만든다.

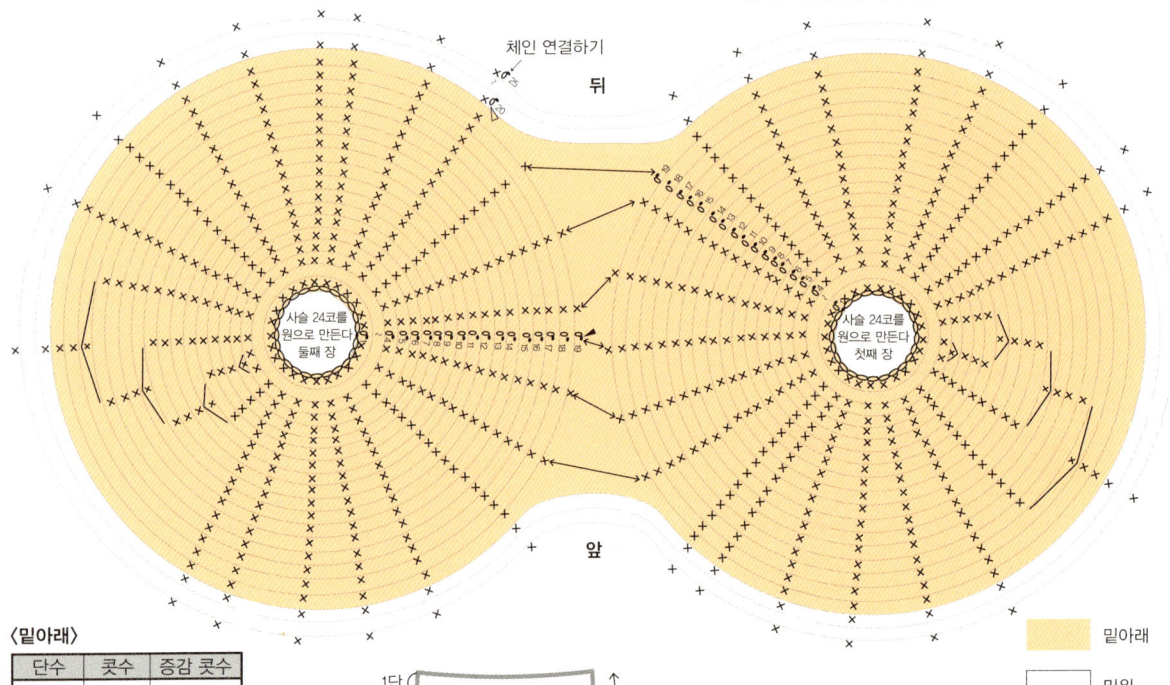

체인 연결하기
뒤

사슬 24코를 원으로 만든다 둘째 장

사슬 24코를 원으로 만든다 첫째 장

앞

밑아래

밑위

〈밑아래〉

| 단수 | 콧수 | 증감 콧수 |
|---|---|---|
| 18~19 | 20코 | 증감 없음 |
| 17 | 20코 | -1코 |
| 14~16 | 21코 | 증감 없음 |
| 13 | 21코 | -1코 |
| 10~12 | 22코 | 증감 없음 |
| 9 | 22코 | -1코 |
| 6~8 | 23코 | 증감 없음 |
| 5 | 23코 | -1코 |
| 2~4 | 24코 | 증감 없음 |
| 1 | 24코 | |
| 사슬 24코의 시작코 | | |

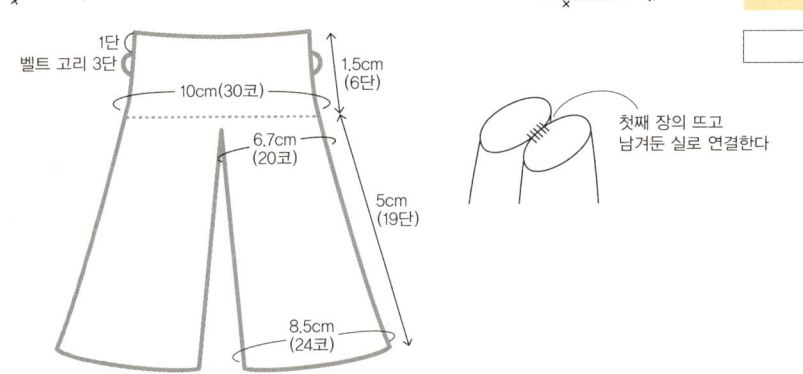

벨트 고리 3단 · 1단
10cm(30코)
1.5cm(6단)
6.7cm(20코)
5cm(19단)
8.5cm(24코)

첫째 장의 뜨고 남겨둔 실로 연결한다

## 22 덱 슈즈 ▶ P.22、26、28、36

**[실]** 피콜로 #1(흰색) 1g, #13(파랑) 1g
**[바늘]** 코바늘 3/0호

**[만드는 방법]**
원형 시작코로 해서 도안대로 뜬다.

체인 연결하기

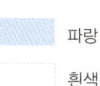

■ 파랑
□ 흰색

| 단수 | 콧수 | 증감 콧수 | 색 | 비고 |
|---|---|---|---|---|
| 7 | 15코 | 증감 없음 | 파랑 | |
| 6 | 15코 | −3코 | 파랑 | |
| 5 | 18코 | 증감 없음 | 파랑／흰색 | 일부 이랑뜨기 |
| 4 | 18코 | 증감 없음 | 흰색 | 이랑뜨기 |
| 3 | 18코 | +8코 | 흰색 | |
| 2 | 10코 | +4코 | 흰색 | |
| 1 | 6코 | | 흰색 | |

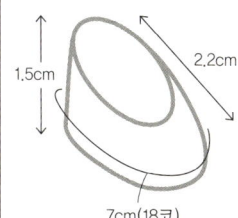

1.5cm
2.2cm
7cm(18코)

## 23 54 스트랩 슈즈 ▶ P.14、21、40

**[실]** 23: 피콜로 #20(검정) 2g
　　54: 워시 코튼 #31(하늘색) 3g
**[바늘]** 코바늘 3/0호, 돗바늘

**[만드는 방법]**
①원형 시작코로 해서 도안대로 뜬다.
②스트랩은 뜨개 시작 부분의 실을 약 20cm 남기고 사슬뜨기 4코를 뜬다. 완성 후 약 20cm 실을 남기고 자른다.
③뜨개 시작 부분과 끝에 남긴 실을 각각 돗바늘에 꿰어 본체에 스트랩을 단다.

체인 연결하기

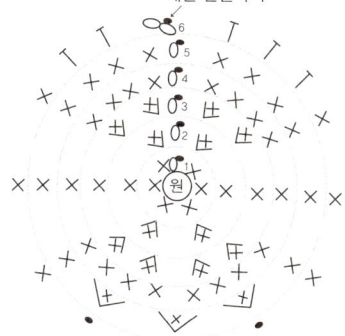

| 단수 | 콧수 | 증감 콧수 |
|---|---|---|
| 6 | 15코 | 증감 없음 |
| 5 | 15코 | −3코 |
| 4 | 18코 | 증감 없음 |
| 3 | 18코 | +8코 |
| 2 | 10코 | +4코 |
| 1 | 6코 | |

〈스트랩〉

뜨개 시작 부분과 끝부분에 실을
각각 약 20cm 남긴다

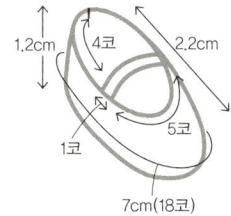

1.2cm
4코
2.2cm
5코
1코
7cm(18코)

## 24 46 펌프스 ▶ P.22、24、26、34、46

**[실]** 24: 워시 코튼 #36(빨강) 3g
　　46: 워시 코튼 #1(흰색) 3g
**[바늘]** 코바늘 3/0호

**[만드는 방법]**
원형 시작코로 해서 도안대로 뜬다.

체인 연결하기

| 단수 | 콧수 | 증감 콧수 |
|---|---|---|
| 7 | 15코 | 증감 없음 |
| 6 | 15코 | −3코 |
| 5 | 18코 | 증감 없음 |
| 4 | 18코 | 증감 없음 |
| 3 | 18코 | +8코 |
| 2 | 10코 | +4코 |
| 1 | 6코 | |

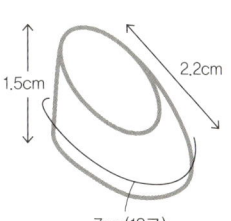

1.5cm
2.2cm
7cm(18코)

## 25 벨트 장식 부츠 ▶ P.10、12、16、18
## 26 롱부츠 ▶ P.11、13、18、20、32
## 27 레이스업 부츠 ▶ P.14、44
## 51 발레 슈즈 ▶ P.38

[실] 25:피콜로 #17(진갈색) 4g, 26:피콜로
　　#2(오프화이트) 4g, 27: 피콜로 #6(빨강) 3g,
　　워시 코튼 〈크로셰〉 #138(갈색) 40cm,
　　51: 아프리코 #4(연분홍) 2g
[바늘] 코바늘 3/0호
[기타] 25: 스웨이드 끈(폭 0.4cm) 13cm,
　　미니 버클 스퀘어형(0.7×0.5cm) 2개
　　51: 분홍 새틴 리본(폭 4mm) 56cm,
　　본드, 리본 재봉실

[만드는 방법]
①원형 시작코로 해서 도안대로 뜬다.
②길이가 긴 부츠(25, 26)는 16단까지, 짧은 부츠(27)는
　11단까지 뜬다.
③발레 슈즈(51)는 7단까지 뜬다.
④장식을 한다.(그림 참조)

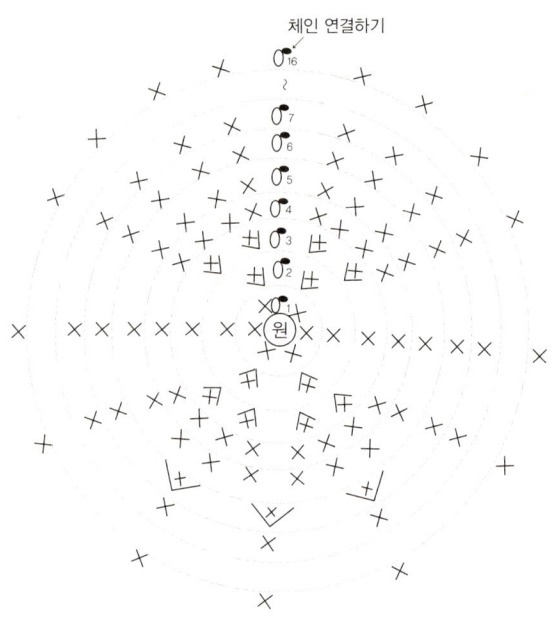

체인 연결하기

| 단수 | 콧수 | 증감 콧수 |
|---|---|---|
| 7~16 | 15코 | 증감 없음 |
| 6 | 15코 | −3코 |
| 5 | 18코 | 증감 없음 |
| 4 | 18코 | 증감 없음 |
| 3 | 18코 | +8코 |
| 2 | 10코 | +4코 |
| 1 | 6코 | |

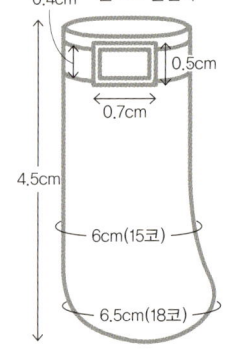

**25**
스웨이드 끈
0.4cm
버클에 스웨이드 끈을 끼운 뒤
본드로 붙인다
0.5cm
0.7cm
4.5cm
6cm(15코)
6.5cm(18코)

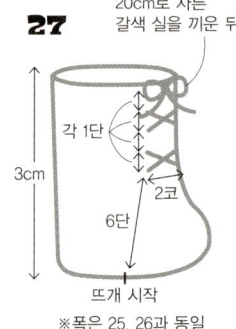

**27**
20cm로 자른
갈색 실을 끼운 뒤 묶는다
각 1단
3cm
2코
6단
뜨개 시작
※폭은 25, 26과 동일

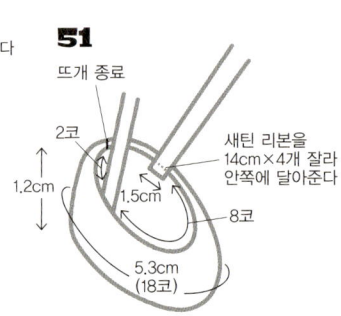

**51**
뜨개 종료
2코
새틴 리본을
14cm×4개 잘라
안쪽에 달아준다
1.2cm
1.5cm
8코
5.3cm
(18코)

## 29 캉캉 모자　▶ P.26、30

[실] 에코 안다리아 〈크로셰〉 #803(내추럴) 6g,
[바늘] 코바늘 3/0호
[기타] 빨강과 흰색 줄무늬
　　　 그로그램 리본(폭 0.4cm) 27cm

**[만드는 방법]**
①원형 시작코로 해서 도안대로 뜬다.
②8단의 이랑뜨기는 뒷면 반 코를, 13단은 정면 반 코
　를 주워서 짧은뜨기를 한다.
③실을 통과시켜 리본 고리를 만든다. 지정된 위치 3
　곳에 만들고 리본을 끼운다. ※리본은 끝을 매니큐
　어 톱코트 등으로 코팅하면 올이 잘 풀리지 않는다.

체인 연결하기

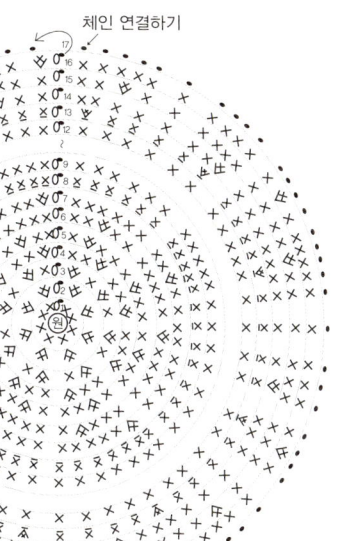

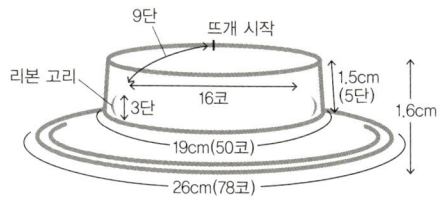

| 단수 | 콧수 | 증감 콧수 | 단수 | 콧수 | 증감 콧수 | 비고 |
|---|---|---|---|---|---|---|
| 7 | 50코 | +5코 | 17 | 78코 | 증감 없음 | 빼뜨기 |
| 6 | 45코 | +5코 | 16 | 78코 | +6코 | |
| 5 | 40코 | +8코 | 15 | 72코 | +6코 | |
| 4 | 32코 | +8코 | 14 | 66코 | +6코 | |
| 3 | 24코 | +8코 | 13 | 60코 | +10코 | 이랑뜨기(정면 반 코) |
| 2 | 16코 | +8코 | 9~12 | 50코 | 증감 없음 | |
| 1 | 8코 | | 8 | 50코 | 증감 없음 | 이랑뜨기(뒷면 반 코) |

## 30 밀짚모자　▶ P.24、26、28

[실] 에코 안다리아 〈크로셰〉 #803(내추럴) 8g,
[바늘] 코바늘 3/0호
[기타] 검정 그로그램 리본(폭 1cm) 47cm,
　　　 빨강 그로그램 리본(폭 1cm) 47cm(P.26)

**[만드는 방법]**
①원형 시작코로 해서 도안대로 뜬다.
②실을 통과시켜 리본 고리를 만든다. 지정된 위치에
　2개 만들고 리본을 끼운다. ※리본은 끝을 매니큐어
　톱코트 등으로 코팅하면 올이 잘 풀리지 않는다.

체인 연결하기

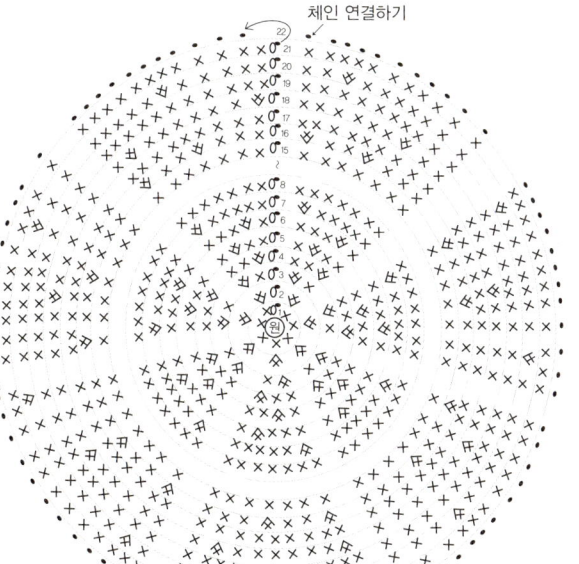

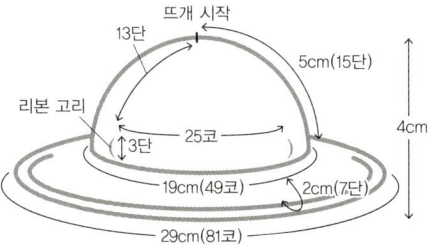

| 단수 | 콧수 | 증감 콧수 | 단수 | 콧수 | 증감 콧수 |
|---|---|---|---|---|---|
| 7 | 49코 | +7코 | 21·22 | 81코 | 증감 없음 |
| 6 | 42코 | +7코 | 20 | 81코 | +9코 |
| 5 | 35코 | +7코 | 19 | 72코 | 증감 없음 |
| 4 | 28코 | +7코 | 18 | 72코 | +9코 |
| 3 | 21코 | +7코 | 17 | 63코 | 증감 없음 |
| 2 | 14코 | +7코 | 16 | 63코 | +14코 |
| 1 | 7코 | | 8~15 | 49코 | 증감 없음 |

## 31 베레모 ▶ P.20

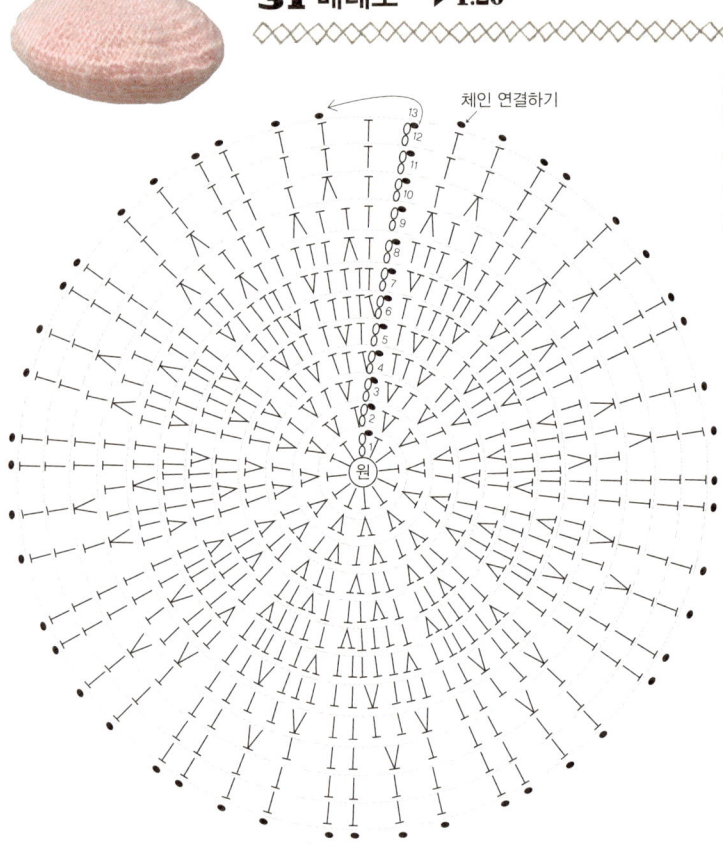

체인 연결하기

[실] 하마나카 모헤어 #4(연분홍) 6g
[바늘] 코바늘 4/0호

[만드는 방법]
원형 시작코로 해서 도안대로 뜬다. 이때 13단의 빼뜨기는 느슨하게 뜬다.

| 단수 | 콧수 | 증감 콧수 |
|------|------|-----------|
| 11~13 | 48코 | 증감 없음 |
| 10 | 48코 | −12코 |
| 9 | 60코 | −12코 |
| 8 | 72코 | −12코 |
| 7 | 84코 | +12코 |
| 6 | 72코 | +12코 |
| 5 | 60코 | +12코 |
| 4 | 48코 | +12코 |
| 3 | 36코 | +12코 |
| 2 | 24코 | +12코 |
| 1 | 12코 | |

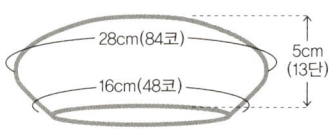

28cm(84코)
16cm(48코)
5cm (13단)

## 32 니트 모자 ▶ P.10、12

[실] 소노모노 알파카 울 #42(그레이지) 12g
　　피콜로 #2(오프화이트) 4g
[바늘] 코바늘 9/0호, 3/0호
[기타] 가죽 조각 조금, 빨강 자수실 조금

[만드는 방법]
①9/0호 코바늘에 그레이지 색실로 사슬뜨기 28코를 원형으로 만들어(시작코), 짧은뜨기를 1바퀴 뜬다.

②2단부터는 메리야스 짧은뜨기로 11단까지 뜬다. 다 뜨면 실을 약 30cm 남기고 자른다.
③시작코 반대쪽 코를 주워 3/0호 코바늘을 사용해 오프화이트 실로 모자 아랫단을 뜬다.
④11단에서 남겨둔 실로 1코씩 홈질한 후 세게 잡아당긴다.
⑤오프화이트 실로 방울을 만들어 위에 달아준다. ※방울 만드는 방법은 P.87 치어걸 응원 수술과 동일.
⑥가죽 조각은 빨강 자수실 2가닥으로 단다.

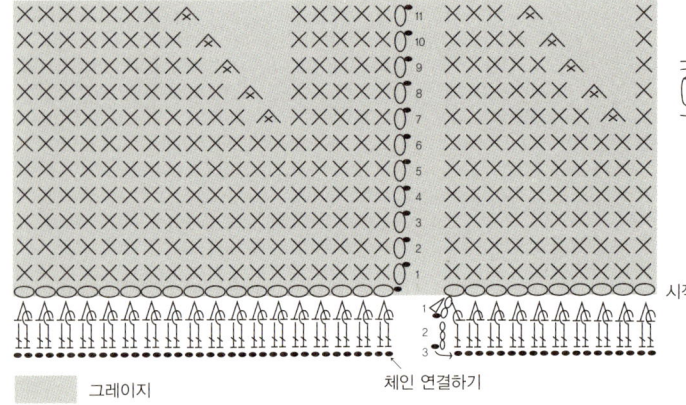

체인 연결하기

시작코

　그레이지

　오프화이트

메리야스 짧은뜨기
아랫단의 짧은뜨기
다리 중앙에
바늘을 넣어서
짧은뜨기한다

3.5cm

7cm (11단)

6.5cm

빨강 자수실로
4군데를 꿰매서 고정한다

0.8cm

21cm(56코)

1cm 1.5cm(3단)

# 33 후드 달린 케이프 ▶ P.11

[실] 루나몰 #13(파랑) 18g
소노모노 루프 #51(흰색) 6g

[바늘] 루나몰: 코바늘 6/0호
소노모노 루프: 코바늘 7/0호, 돗바늘, 재봉 바늘

[기타] 파랑 벨벳 리본(폭 1cm) 30cm,
흰색 재봉실 조금

[만드는 방법]
①케이프는 뜨기 시작할 때 실을 약 40cm 남기고, 사슬뜨기 16코로 시작코를 만들어, 도안대로 뜬다.
②후드 부분을 뜨고 돗바늘로 ①에서 시작할 때 남겨 놓은 실로 케이프와 후드의 ●표시를 감침질로 꿰매 연결한다.
③소노모노 루프로 테두리 뜨기를 한다.
④벨벳 리본을 좌우 목 부분에 흰색 재봉실로 단다.

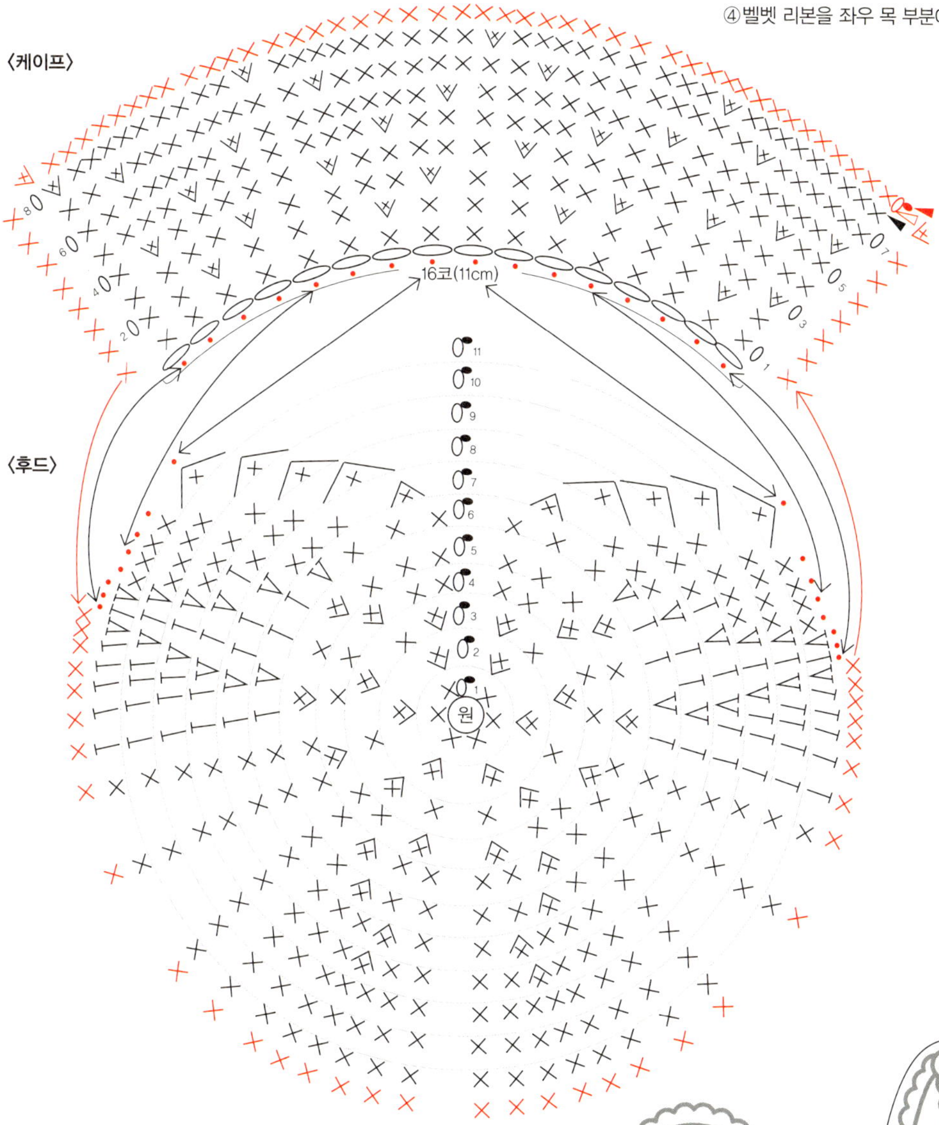

〈케이프〉

16코(11cm)

〈후드〉

원

### 후드 단수표

| 단수 | 콧수 | 증감 콧수 |
|---|---|---|
| 11 | 50코 | +2코 |
| 10 | 48코 | +2코 |
| 9 | 46코 | +2코 |
| 8 | 44코 | +4코 |
| 7 | 40코 | +4코 |
| 6 | 36코 | +6코 |
| 5 | 30코 | +6코 |
| 4 | 24코 | +6코 |
| 3 | 18코 | +6코 |
| 2 | 12코 | +6코 |
| 1 | 6코 | |

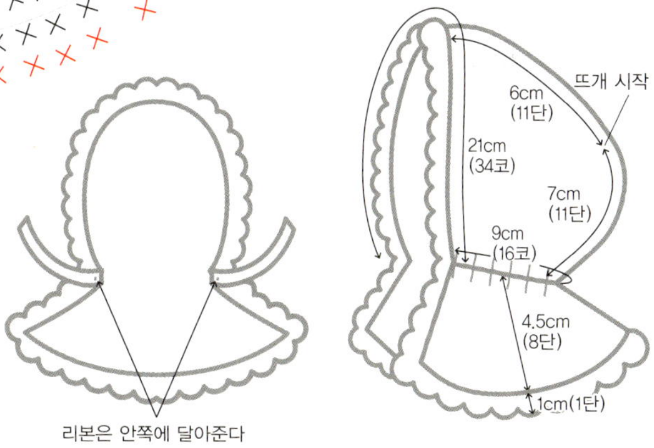

케이프와 후드의 ●표시끼리 맞춰서 감침질하기

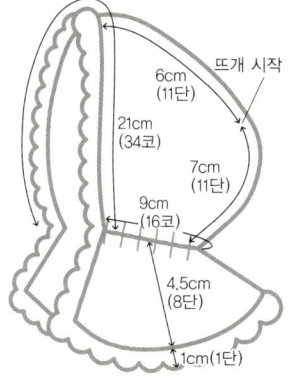

6cm (11단)
뜨개 시작
21cm (34코)
7cm (11단)
9cm (16코)
4.5cm (8단)
1cm(1단)

리본은 안쪽에 달아준다

How to make

81

## 34 머플러 ▶ P.12、13

[실] 소노모노 알파카 울 #41(흰색) 7g
[바늘] 코바늘 10/0호

[만드는 방법]
①사슬뜨기 28코로 시작코를 만들어, 도안대로 뜬다.
②10cm 길이로 자른 실을 20가닥 준비한다.
③양 끝의 ●표시에 2가닥씩 술을 달아준 뒤 약 4cm
　길이로 잘라 정리한다.(P.57, 과정 58~60 참조)

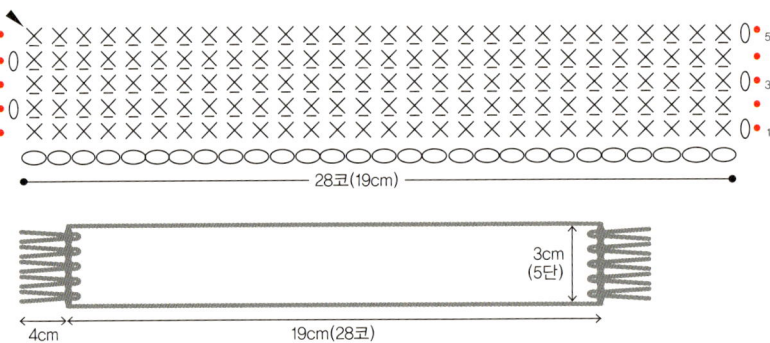

## 35 마론의 머플러 ▶ P.10、12、18

[실] 피콜로 #5(진분홍) 2g
[바늘] 코바늘 4/0호

[만드는 방법]
사슬뜨기 40코로 시작코를 만들어 도안대로 뜬다.

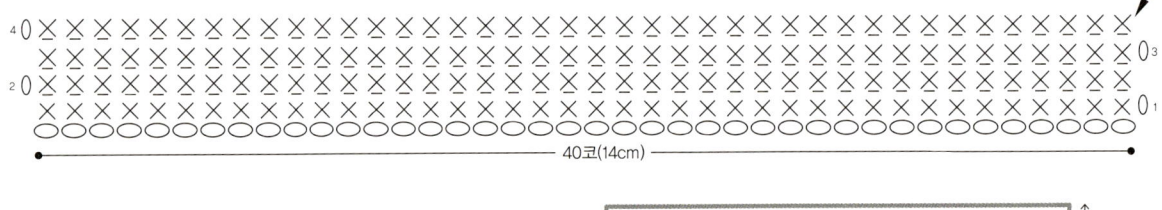

## 42 벨트(분홍) ▶ P.13、26
## 43 벨트(삼색) ▶ P.22、24、26

[재료] 42: 스웨이드 끈(폭 0.4cm) 16cm,
　　　미니 버클 라운드형(지름 0.8cm) 1개
　　　43: 스트라이프 리본(폭 0.5cm) 16cm,
　　　미니 버클 스퀘어형(0.7×0.5cm) 1개

[만드는 방법]
스웨이드 끈(스트라이프 리본)을 버클에 끼운다.

## 36 마론의 파티 모자 ▶ P.32

[실] 피콜로 #1(흰색) 1g, #6(빨강) 1g, #23(파랑) 1g
[바늘] 코바늘 4/0호, 재봉 바늘
[기타] 파랑 펠트 방울(지름 1cm), 파란색 재봉실 조금

[만드는 방법]
① 원형 시작코로 해서 도안대로 뜬다.
② 파란색 재봉실로 펠트 방울을 모자 산 부분에 단다.

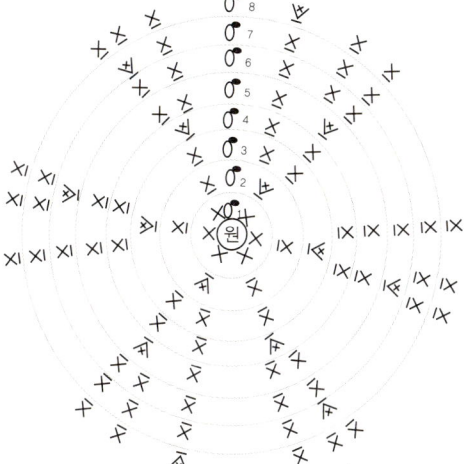

| 단수 | 콧수 | 증감 콧수 | 색 | 비고 |
|---|---|---|---|---|
| 8 | 20코 | +2코 | 흰색 | 이랑뜨기 |
| 7 | 18코 | +2코 | 파랑 | 이랑뜨기 |
| 6 | 16코 | +2코 | 흰색 | 이랑뜨기 |
| 5 | 14코 | +2코 | 빨강 | 이랑뜨기 |
| 4 | 12코 | +2코 | 흰색 | 이랑뜨기 |
| 3 | 10코 | +2코 | 파랑 | 이랑뜨기 |
| 2 | 8코 | +2코 | 흰색 | 이랑뜨기 |
| 1 | 6코 | | 빨강 | |

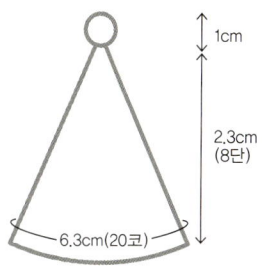

1cm

2.3cm
(8단)

6.3cm(20코)

## 37 수박 ▶ P.30

[실] 티노 #2(오프화이트) 1g, #6(빨강) 1g,
　　 #10(녹색) 1g
[바늘] 코바늘 3/0호, 자수바늘(재봉 바늘로도 가능),
　　 돗바늘
[기타] 검정 자수실 조금, 구름 솜 소량

[만드는 방법]
① 실 2줄을 잡아서 원형 시작코로 해서 도안대로 뜬
　 다. 다 뜨면 실을 약 20cm 남기고 자른다.
② 마지막 빼뜨기가 모서리에 오도록 해서 편물을 납
　 작하게 접어 안에 약간의 솜을 채운다.
③ 다 뜨고 남겨둔 실로 마주한 마지막 단의 코를 주워
　 서 돗바늘로 밑을 감침질로 연결한다.
④ 검정 자수실 1줄을 자수바늘에 꿰어 수박씨를 수놓
　 는다.(프렌치 노트 스티치)

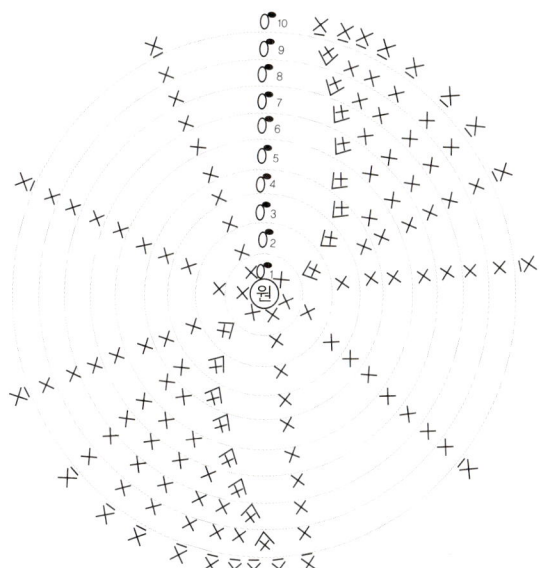

| 단수 | 콧수 | 증감 콧수 | 색 | 비고 |
|---|---|---|---|---|
| 10 | 22코 | 증감 없음 | 녹색 | 이랑뜨기 |
| 9 | 22코 | +2코 | 녹색 | |
| 8 | 20코 | +2코 | 오프화이트 | |
| 7 | 18코 | +2코 | 빨강 | |
| 6 | 16코 | +2코 | 빨강 | |
| 5 | 14코 | +2코 | 빨강 | |
| 4 | 12코 | +2코 | 빨강 | |
| 3 | 10코 | +2코 | 빨강 | |
| 2 | 8코 | +2코 | 빨강 | |
| 1 | 6코 | | 빨강 | |

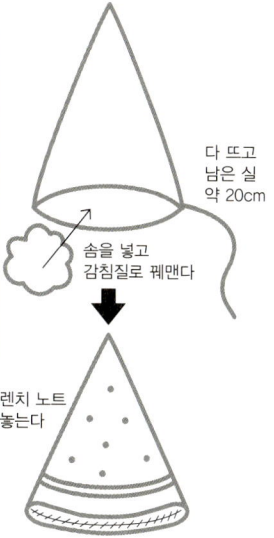

다 뜨고
남은 실
약 20cm

솜을 넣고
감침질로 꿰맨다

수박씨를 프렌치 노트
스티치로 수놓는다

# 38 카고백 ▶ P.24
# 39 토트백 ▶ P.26

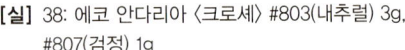

[실] 38: 에코 안다리아 〈크로셰〉 #803(내추럴) 3g,
　　　#807(검정) 1g
　　　39: 워시 코튼 #36(빨강) 3g, #1(흰색) 3g
[바늘] 코바늘 3/0호, 돗바늘

[만드는 방법]
①본체는 사슬뜨기 5코를 시작코로 만들어, 도안대로
　뜬다. 토트백(39)은 4단까지 빨강 실로, 5~12단은
　흰색 실로 뜬다.
②손잡이는 다 뜬 뒤 실을 20cm 남긴다. 같은 모양을
　2개 뜬다. 남겨둔 실로 가방 본체의 지정 위치에 꿰
　매 단다. 다른 한쪽은 같은 색 실로 단다. 남은 뒤쪽
　손잡이도 동일하게 단다.

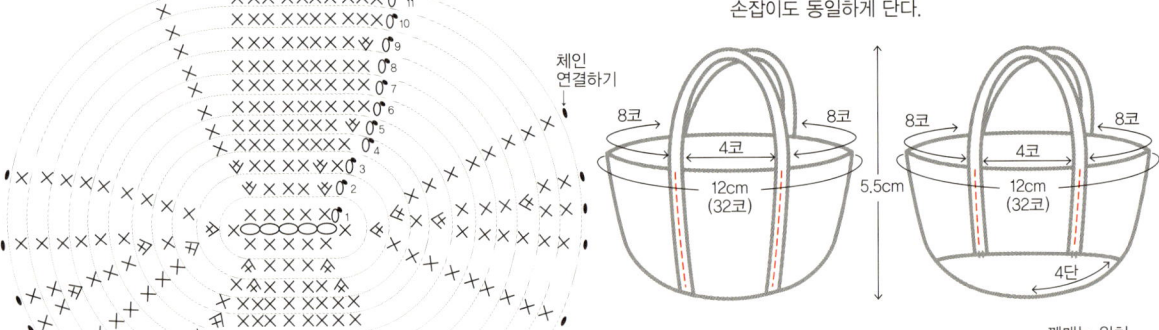

체인
연결하기

----- 꿰매는 위치

〈카고백 손잡이〉 (검정 실)

←— 40코(13cm) —→

〈토트백 손잡이〉 (빨강 실)

←— 34코(11cm) —→

| 단수 | 콧수 | 증감 콧수 | 색(38) | 색(39) |
|---|---|---|---|---|
| 10~12 | 32코 | 증감 없음 | 내추럴 | 흰색 |
| 9 | 32코 | +4코 | 내추럴 | 흰색 |
| 6~8 | 28코 | 증감 없음 | 내추럴 | 흰색 |
| 5 | 28코 | +4코 | 내추럴 | 흰색 |
| 4 | 24코 | 증감 없음 | 내추럴 | 빨강 |
| 3 | 24코 | +6코 | 내추럴 | 빨강 |
| 2 | 18코 | +6코 | 내추럴 | 빨강 |
| 1 | 12코 | | 내추럴 | 빨강 |
| 사슬 5코의 시작코 | | | | |

# 40 진주 가방 ▶ P.21

[실] 피콜로 #2(오프화이트) 2g
[바늘] 코바늘 3/0호, 돗바늘, 재봉실
[기타] 진주 비즈(4mm) 14개, 흰색 재봉실 조금

[만드는 방법]
①원형 시작코로 해서, 도안대로 본체를 2장 뜬다. 1장
　은 다 뜨고 나서 실을 약 30cm 남기고 자른다.

②편물의 겉이 바깥쪽으로 오도록 맞대고, 남겨둔 실
　을 돗바늘에 꿰어 5단의 마주하는 코의 머리끼리 1
　코씩 감침질해서 연결한다.
③진주 비즈를 재봉실에 꿰어 ②에서 붙인 가방 본체
　의 양 끝에 달아준다.

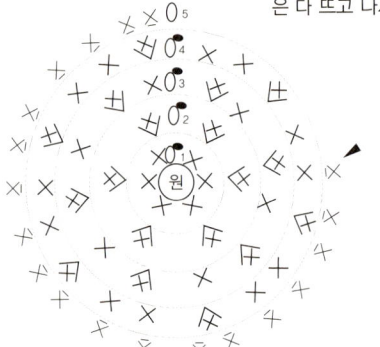

| 단수 | 콧수 | 증감 콧수 | 비고 |
|---|---|---|---|
| 5 | 도안 참조 | | 이랑뜨기 |
| 4 | 24코 | +6코 | |
| 3 | 18코 | +6코 | |
| 2 | 12코 | +6코 | |
| 1 | 6코 | | |

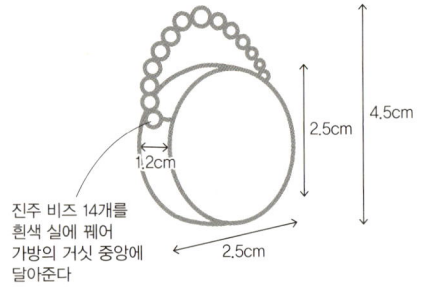

진주 비즈 14개를
흰색 실에 꿰어
가방의 거싯 중앙에
달아준다

## 41 숄더백 ▶ P.18

[실] 피콜로 #16(베이지) 1g
[바늘] 코바늘 3/0호, 재봉 바늘
[기타] 가죽 조각 5cm 사각, 스웨이드 끈(폭 0.3cm)
　　　 16cm, 진갈색 재봉실 조금, 본드

[만드는 방법]
①사슬뜨기 5코로 시작코를 만들어, 도안대로 뜬다.
②가죽 조각으로 가방 덮개와 잠금 장식 부분을 만들어 본드로 붙인다.
③스웨이드 끈을 가방 본체의 위쪽 양 끝에 진갈색 실로 달아준다.

체인 연결하기

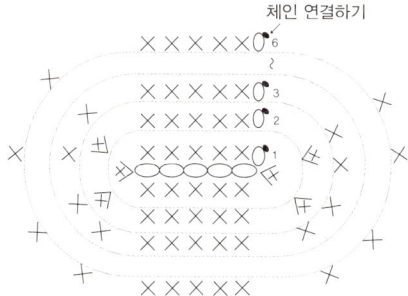

| 단수 | 콧수 | 증감 콧수 |
|---|---|---|
| 3~6 | 18코 | 증감 없음 |
| 2 | 18코 | +4코 |
| 1 | 14코 | |
| 사슬 5코의 시작코 | | |

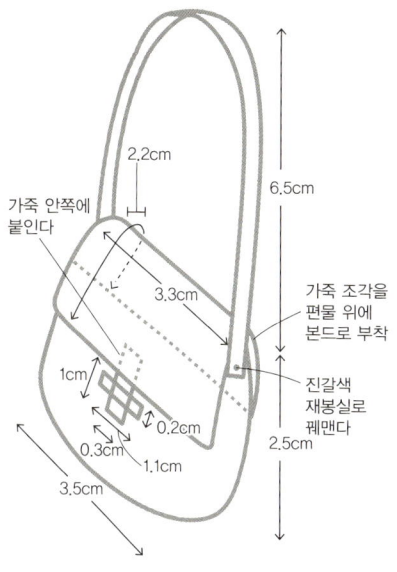

가죽 안쪽에 붙인다

2.2cm

6.5cm

3.3cm

1cm

0.2cm

0.3cm

1.1cm

3.5cm

가죽 조각을 편물 위에 본드로 부착

진갈색 재봉실로 꿰맨다

2.5cm

신부
▶ P.34

## 44 헤드드레스

[실] 워시 코튼 #1(흰색) 4g
[바늘] 코바늘 3/0호, 재봉 바늘
[기타] 조젯 주름 리본(폭 2.5cm) 5cm,
　　　 새틴 리본(폭 0.4cm) 22cm×2줄,
　　　 반구 진주(지름 4mm) 12개, 흰색 재봉실 조금,
　　　 강력 접착제

[만드는 방법]
①도안대로 헤드드레스와 장미를 뜬다. 장미는 꽃잎이 작은 쪽부터 말아서 꽃잎 아랫부분을 꿰매준다.
②장미 둘레에 조젯 주름 리본을 감싸서 꿰맨다.
③헤드드레스의 양 끝에 새틴 리본을 꿰매 붙이고 오른쪽 끝에 ②의 장미를 단다.
④반구 진주를 강력 접착제로 붙인다.

〈헤드드레스〉

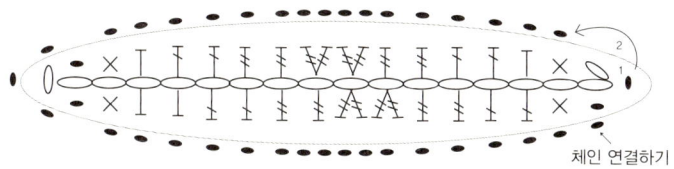

체인 연결하기

반구 진주 12개를 자유롭게 붙인다

4cm

편물 안쪽에 리본을 단다

6cm

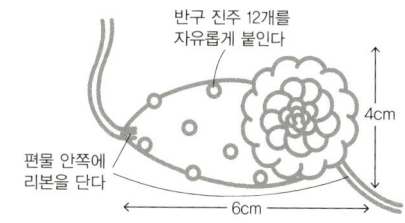

〈장미〉

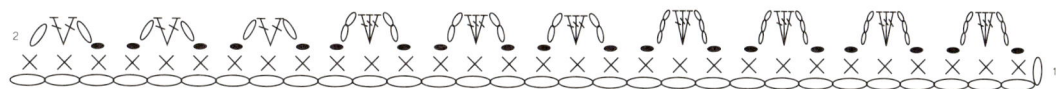

## 45 웨딩드레스

**[실]** 워시 코튼 #1(흰색) 4g

**[바늘]** 코바늘 3/0호, 4/0호, 재봉 바늘

**[기타]** 반구 진주(지름 4mm) 7개,
조젯 주름 리본(폭 2.5cm) 40cm,
흰색 재봉실 조금, 똑딱단추 3쌍, 본드

### [만드는 방법]

①3/0호 코바늘로 사슬뜨기 34코로 시작코를 만들고,
　도안대로 위 몸판을 뜬다.

②시작코 반대쪽 코를 주워 스커트를 도안대로 뜬다.
　이때 3단과 5단의 이랑뜨기는 뒷면 반 코를 줍고, 4
　단과 6단은 정면의 반 코를 주워서 뜬다.

③4/0호 코바늘로 스커트의 3단, 5단 이랑뜨기의 남
　은 반 코를 주워 프릴을 떠준다.(프릴 도안 참조)

④조젯 주름 리본을 4단과 6단에 꿰매 달아준다.

⑤가슴 윗부분에 반구 진주를 본드로 붙인다.

⑥재봉실로 똑딱단추를 단다.

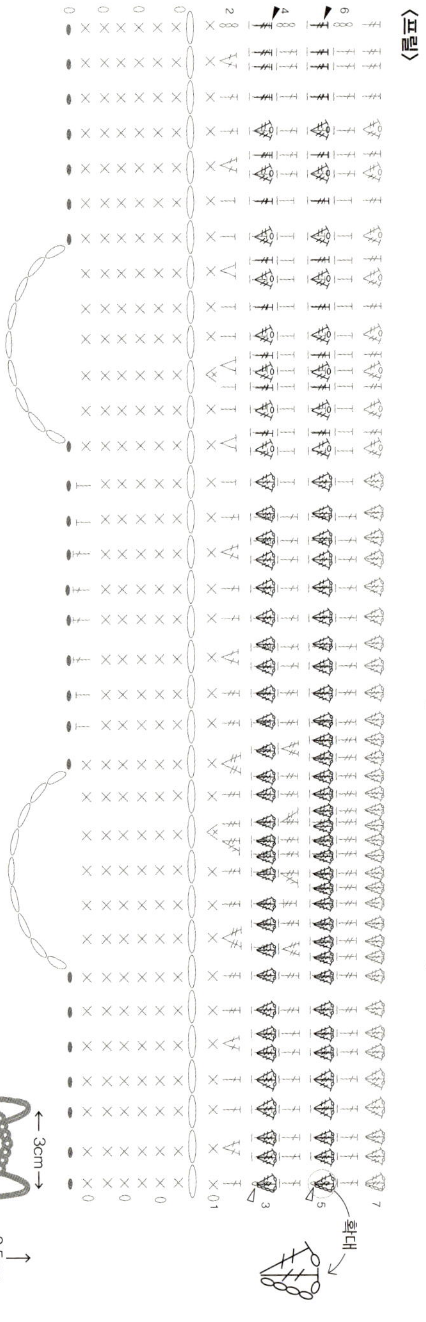

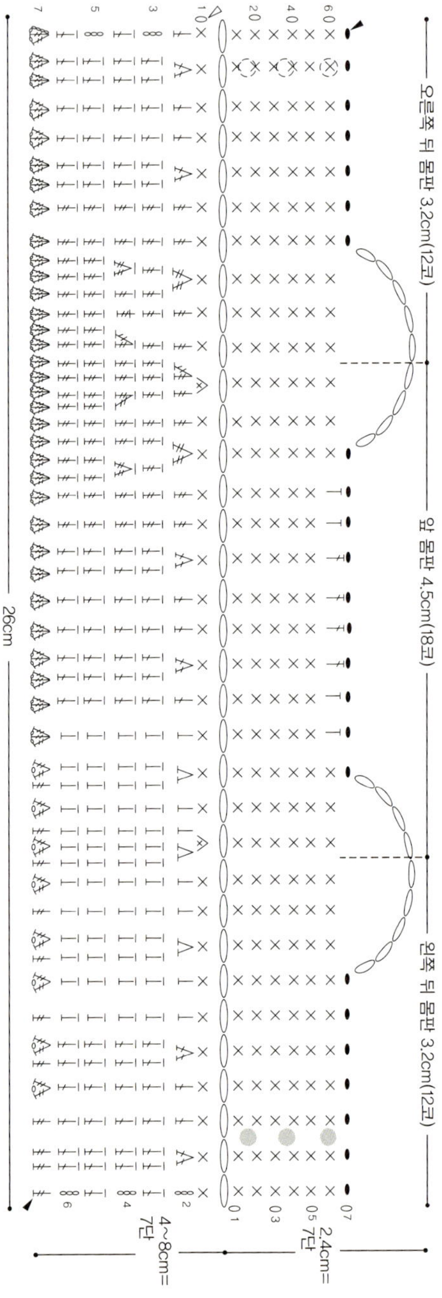

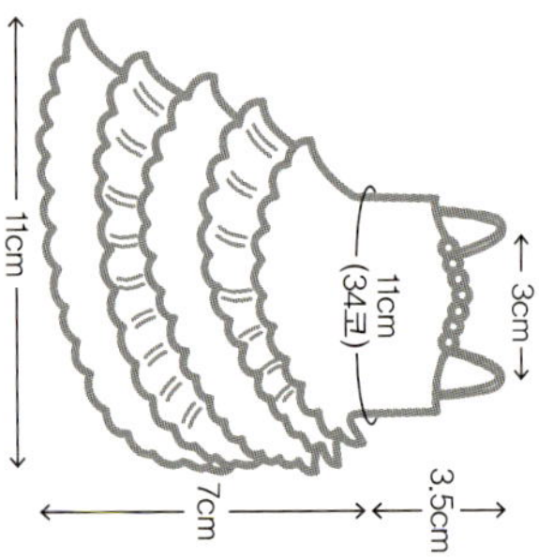

〈프릴〉

26cm

똑딱단추 수단추 다는 위치

똑딱단추 암단추 왼쪽 다는 위치

흰대

오른쪽 뒤 몸판 3.2cm(12코)

앞 몸판 4.5cm(18코)

왼쪽 뒤 몸판 3.2cm(12코)

4~8cm＝
7단

2.4cm＝
5단

11cm

11cm
(34코)

3cm

7cm

3.5cm

86

**치어걸**
**▶ P.36**

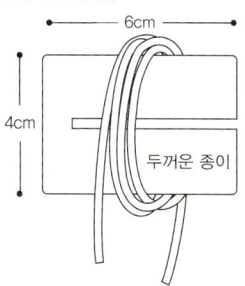

# 47 응원 수술

[실] 에코 안다리아 〈크로셰〉 #805(빨강) 5g
[기타] 실리콘 고무줄 2줄

[만드는 방법]

6cm
4cm
두꺼운 종이

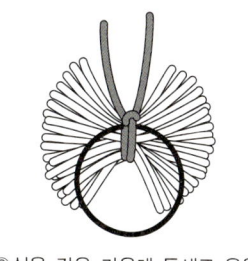 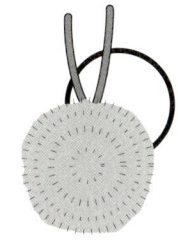

①두꺼운 종이에 실을 90회 감는다.

②실을 감은 가운데 틈새로 응원 수술과 같은 색실을 끼워 중심을 세게 묶는다. 실리콘 고무줄을 끼운 뒤 다시 실을 돌려서 묶은 다음 양 끝의 실타래를 가위로 자른다.

③스팀다리미로 스팀을 쐬면서 응원 수술을 펴서 모양을 만든다.

# 48 원피스

[실] 워시 코튼 #1(흰색) 4g, #36(빨강) 1g
[바늘] 코바늘 3/0호, 돗바늘, 재봉 바늘
[기타] 새틴 프릴 리본(폭 2.5cm) 15cm, 빨강 재봉실 조금, 똑딱단추 3쌍

[만드는 방법]

①상의는 사슬뜨기 34코로 시작코를 만들어, 도안대로 뜬다.
②다 뜬 뒤 실을 남겨 돗바늘에 꿴다. 같은 색의 별 모양끼리 이어준다.
③새틴 프릴 리본을 주름을 만들면서 1단 안쪽에 대고, 빨강 자수실로 달아준다.
④재봉실로 똑딱단추를 단다.

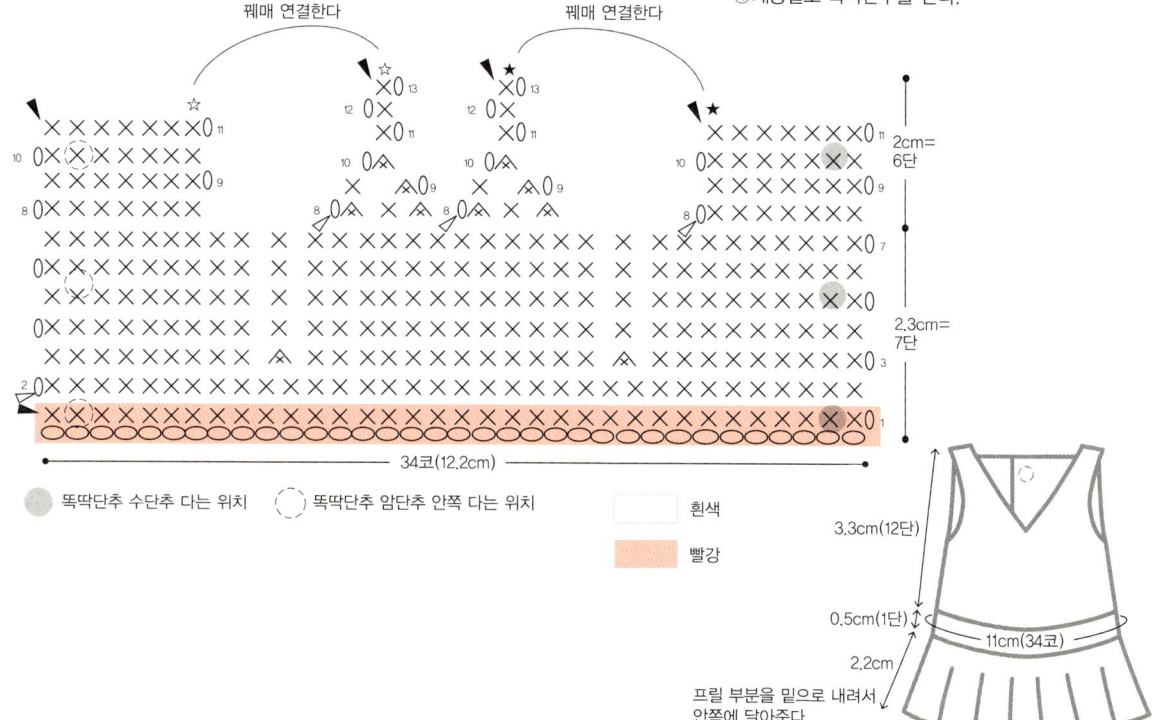

꿰매 연결한다    꿰매 연결한다

2cm=6단
2.3cm=7단
34코(12.2cm)

● 똑딱단추 수단추 다는 위치    ◌ 똑딱단추 암단추 안쪽 다는 위치

□ 흰색
▨ 빨강

3.3cm(12단)
0.5cm(1단)
11cm(34코)
2.2cm

프릴 부분을 밑으로 내려서 안쪽에 달아준다

# 49 헤드 액세서리  50 튀튀 드레스

[실] 아프리코 #9(연보라) 5g, 엠퍼러 #3(금색) 1g
[바늘] 코바늘 3/0호, 재봉 바늘
[기타] 분홍색 오간자 프릴 리본(폭 2.5cm) 45cm,
　　　 스와로브스키 크리스털 2200(8×4mm) 1개,
　　　 스와로브스키 크리스털AB 2088 SS-12 19개,
　　　 진주 비즈(4mm) 12개, 비즈용 투명 고무 끈
　　　 (두께 0.5mm) 15cm, 재봉실 조금,
　　　 본드, 똑딱단추 3쌍

[만드는 방법]
① 사슬뜨기 34코로 시작코를 만들어, 도안대로 위 몸
　 판을 뜬다.
② 시작코 반대쪽 코를 주워 스커트를 도안대로 뜬다.
③ 프릴 리본을 15cm로 3장 준비한다. 리본의 밑단을 각
　 5mm씩 층층이 겹쳐 스커트 안쪽에 재봉실로 단다.
④ 똑딱단추를 단다.

⑤ 스와로브스키 파츠 스톤을 본드로 붙인다.
⑥ 헤드 액세서리를 만든다. 장미(P.85 참조)를 뜬 뒤,
　 진주 비즈와 함께 비즈용 투명 고무 끈에 꿰어 연결
　 한다.

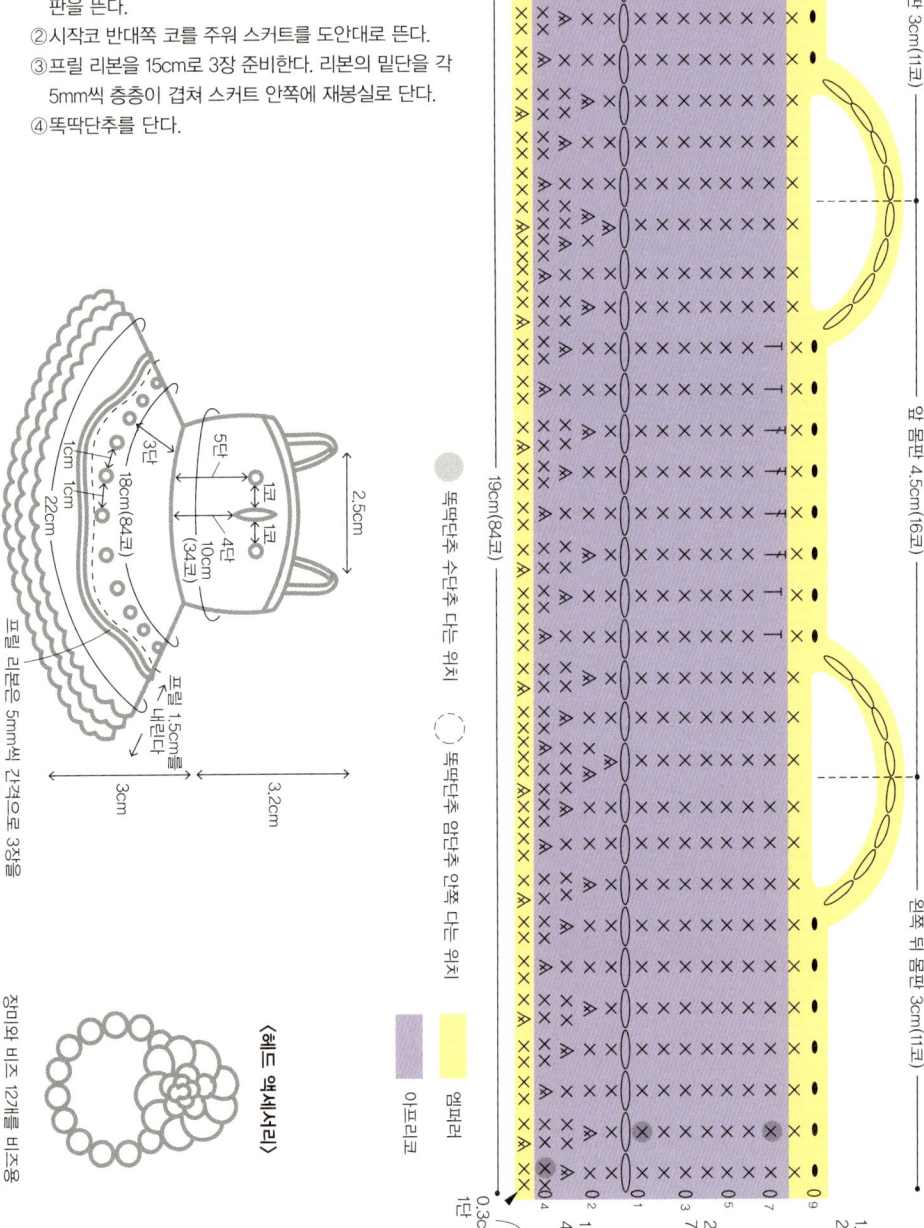

〈헤드 액세서리〉

● 똑딱단추 수단추 다는 위치

(점선) 똑딱단추 암단추 안쪽 다는 위치

엠퍼러

이프리코

# 52 에이프런 원피스    53 캡

**[실]** 워시 코튼 #31(하늘색) 15g, #1(흰색) 4g
**[바늘]** 코바늘 3/0호, 돗바늘, 재봉 바늘
**[기타]** 흰색 원형 단추(지름 5mm) 2개,
　　　　흰색 펠트(8×2cm) 1장, 재봉실 조금,
　　　　똑딱단추 3쌍, 본드

**[만드는 방법]**
①원피스(52)를 만든다. 사슬뜨기 34코로 시작코로 만
　들고, 도안대로 위 몸판을 뜬다.
②시작코 반대쪽 코를 주워 스커트를 도안대로 뜬다.

③같은 색 별 표시끼리 다 뜨고 남겨둔 실에 돗바늘을
　꿰어 연결한다.
④진동둘레에서 16코를 주워서 소매를 뜬다.
⑤펠트로 옷깃을 2장 만들어(원피스 목둘레에 맞춰)
　본드로 붙인다. 흰색 원형 단추를 달아준다.
⑥재봉실로 똑딱단추를 달아준다.
⑦에이프런은 사슬뜨기 80코로 시작코를 만들고, 지
　정한 위치에 실을 연결해서 왕복뜨기를 한다.
⑧캡(53)을 만든다. 사슬뜨기 3코로 시작코를 만들고,
　도안대로 뜬다.(P.90 참조)

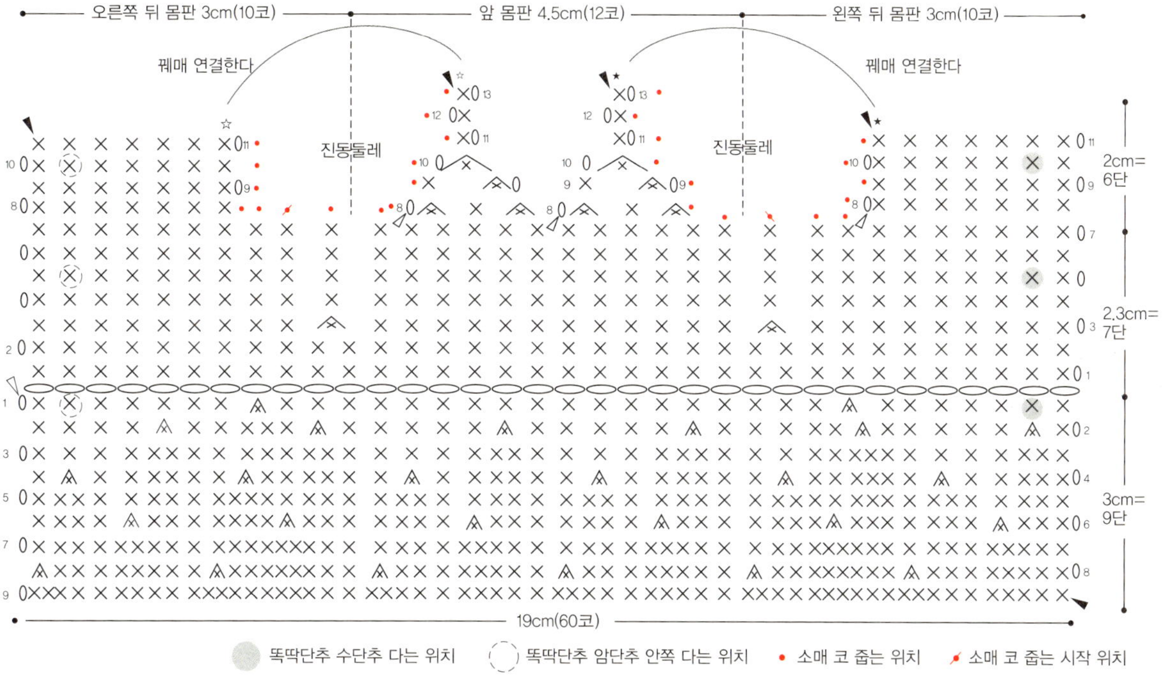

오른쪽 뒤 몸판 3cm(10코)　　　앞 몸판 4.5cm(12코)　　　왼쪽 뒤 몸판 3cm(10코)

꿰매 연결한다　　　　　　　　　　　　　　　　　　　꿰매 연결한다

진동둘레　　　　　　　　　　　진동둘레

2cm=6단
2.3cm=7단
3cm=9단

19cm(60코)

⬤ 똑딱단추 수단추 다는 위치　　◯ 똑딱단추 암단추 안쪽 다는 위치　　● 소매 코 줍는 위치　　✦ 소매 코 줍는 시작 위치

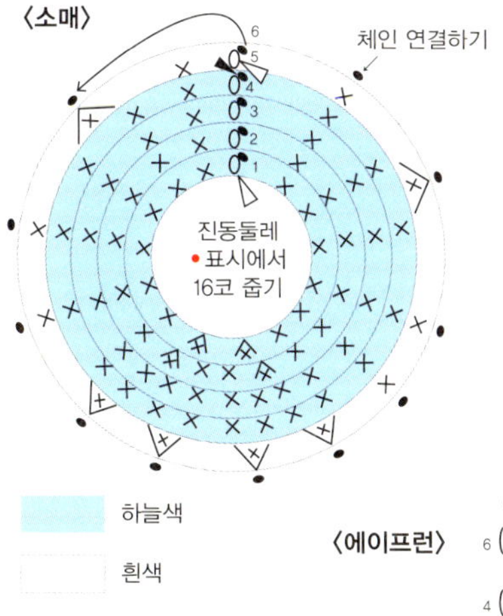

〈소매〉
체인 연결하기

진동둘레
● 표시에서
16코 줍기

하늘색
흰색

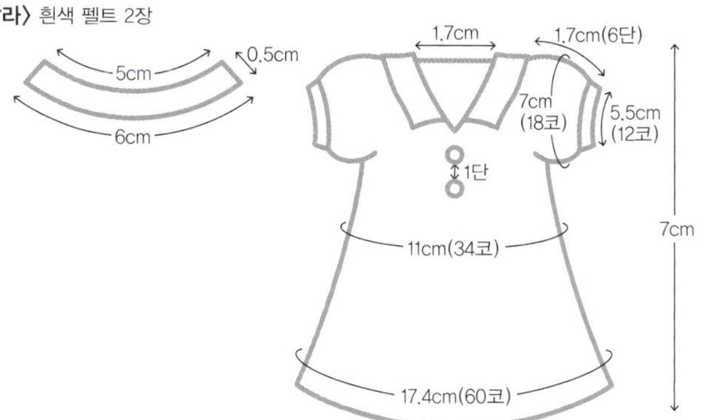

〈에이프런〉
5cm(16코)
2cm=6단

36코(11cm)　　　8코(2.5cm)　　　36코(11cm)

〈칼라〉 흰색 펠트 2장
5cm
0.5cm
6cm

1.7cm
1.7cm(6단)
7cm(18코)
5.5cm(12코)
1단
11cm(34코)
7cm
17.4cm(60코)

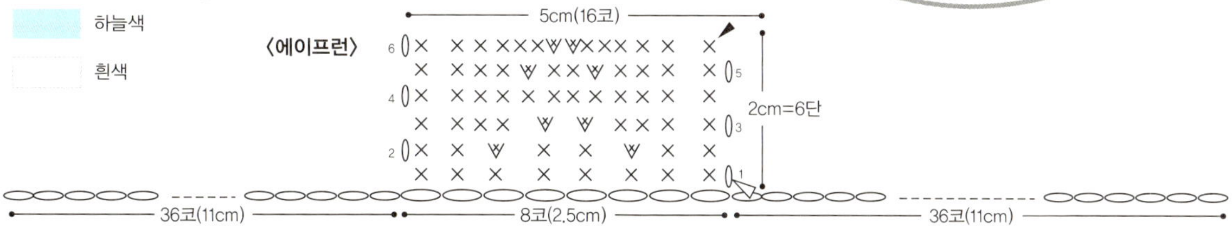

※다음 페이지에 계속

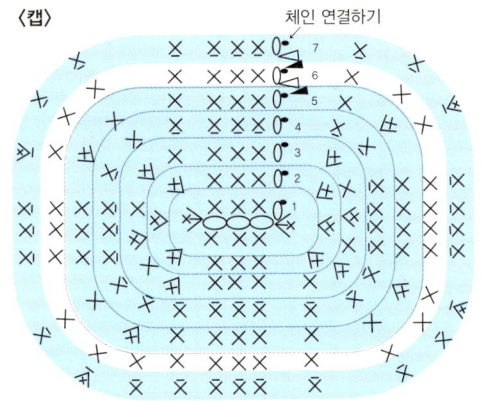

〈캡〉

체인 연결하기

| 단수 | 콧수 | 증감 콧수 | 색 | 비고 |
|---|---|---|---|---|
| 7 | 32코 | +4코 | 하늘색 | 이랑뜨기 |
| 6 | 28코 | 증감 없음 | 흰색 | |
| 5 | 28코 | +4코 | 하늘색 | |
| 4 | 24코 | 증감 없음 | 하늘색 | 이랑뜨기 |
| 3 | 24코 | +6코 | 하늘색 | |
| 2 | 18코 | +6코 | 하늘색 | |
| 1 | 12코 | | 하늘색 | |
| 사슬 3코의 시작코 | | | 하늘색 | |

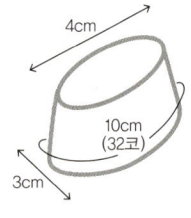

4cm

10cm
(32코)

3cm

☐ 하늘색
☐ 흰색

훌라 걸
▶ P.42

## 55 히비스커스 머리 장식   56 하와이안 레이
## 57 톱   58 스커트

[실] 55: 워시 코튼 #36(빨강) 1g,
　　　워시 코튼 〈크로셰〉 #104(노랑) 1g
　　56: 워시 코튼 〈크로셰〉 #101(흰색) 1g
　　57: 워시 코튼 #36(빨강) 2g
　　58: 에코 안다리아 #17(녹색) 4g

[바늘] 코바늘 3/0호, 재봉 바늘

[기타] 미니 사이즈 헤어핀(2×0.8cm) 1개,
　　　재봉실 조금, 똑딱단추 2쌍, 강력 접착제

[만드는 방법]
①톱(57)을 만든다. 사슬뜨기 32코로 시작코를 만들
고, 도안대로 뜬다. 재봉실로 똑딱단추를 달아준다.

②스커트(58)를 만든다. 25코의 시작코에 짧은뜨기 1
단을 뜬다.
③스커트 프린지용으로 실을 12cm 길이로 44줄 잘라
놓는다.
④스커트 양 끝의 3코는 프린지를 1줄씩, 나머지 안쪽
19코는 2줄씩 프린지를 달고(P.57, 과정 58~60 참
조), 5cm 길이로 자르고 정리한다. 재봉실로 똑딱단
추를 달아준다.
⑤머리 장식(55)을 만든다. 각 파츠를 뜨고, 히비스커
스는 뒤집어 뒷면을 겉으로 한다. 꽃술을 중심에 끼
워 넣고 꿰맨다. 헤어핀에 강력 접착제로 붙인다.
⑥하와이안 레이(56)를 만든다. 사슬뜨기 32코를 원형
으로 만들어 모양뜨기를 44번 원에 떠 넣는다.

〈톱〉

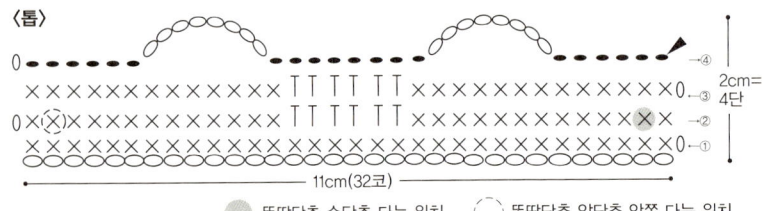

2cm=
4단

11cm(32코)

● 똑딱단추 수단추 다는 위치　⊙ 똑딱단추 암단추 안쪽 다는 위치

2cm(6코)
1.7cm
(4단)
1.2cm
(4단)
10.3cm(32코)
2cm
11.5cm(25코)
0.5cm
(1단)
5cm

〈스커트〉

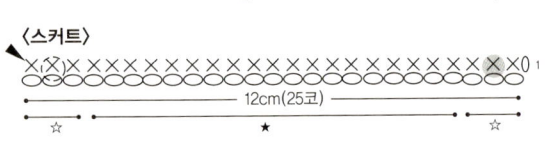

12cm(25코)

☆1코에 프린지를 1줄씩 달아준다
★1코에 프린지를 2줄씩 달아준다

☆　　★　　☆

〈히비스커스꽃〉

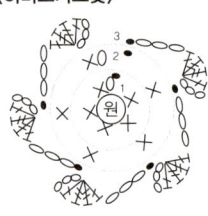

원

〈히비스커스 꽃술〉

꽃잎을 뒷면으로 뒤집고,
꽃술의 다 뜨고 남은 실을
꽃 중심에 통과시켜서
뒤에서 꿰매 고정한다

〈하와이안 레이〉

사슬 32코를 원으로 만든다

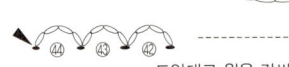

㊹ ㊸ ㊷　　③ ② ①

도안대로 원을 감싸면서 44번 반복해 뜬다

# 59 원피스

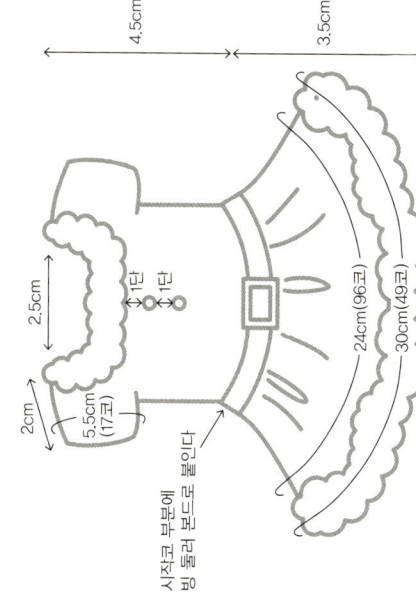

**[실]** 피콜로 #6(빨강) 13g,
소노모노 루프 #51(흰색) 9g

**[바늘]** 코바늘 3/0호, 5/0호, 재봉 바늘

**[기타]** 진갈색 스웨이드 끈(폭 0.4cm) 14cm,
미니 버클 스퀘어형(0.7×0.5cm),
반구 진주 2개(지름 0.4cm), 재봉실 조금,
똑딱단추 2쌍, 본드

**[만드는 방법]**
빨강 실은 코바늘 3/0호, 흰색 실은 5/0호로 뜬다.
①사슬뜨기 34코로 시작코를 만들어, 도안대로 위 몸판을 뜬다.
②시작코 반대쪽 코를 주워 스커트를 뜬다.
③진동둘레에서 15코를 주워서 소매를 뜬다.
④반구 진주, 스웨이드 끈에 미니 버클을 끼운 벨트를 본드로 붙인다.
⑤재봉실로 똑딱단추를 단다.

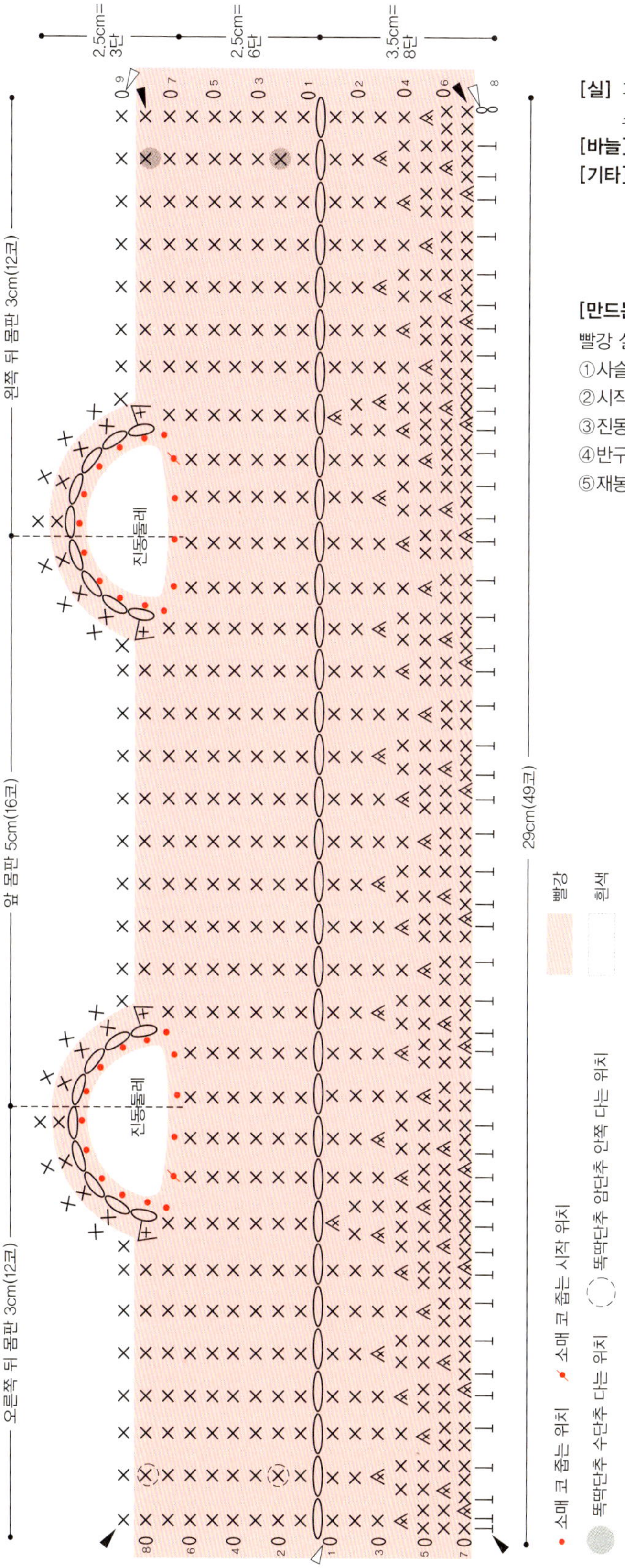

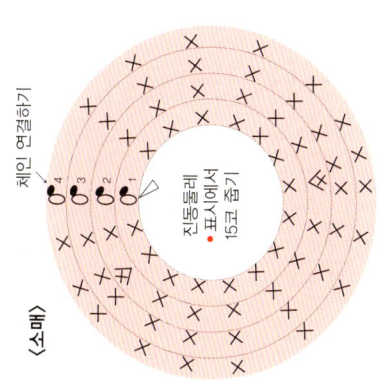

빨강

흰색

진동둘레

2.5cm=3단
2.5cm=6단
3.5cm=8단

왼쪽 뒤 몸판 3cm(12코)

앞 몸판 5cm(16코)

오른쪽 뒤 몸판 3cm(12코)

29cm(49코)

소매 코 줍는 위치
소매 코 줍는 시작 위치
똑딱단추 수단추 다는 위치
똑딱단추 암단추 인쪽 다는 위치
똑딱단추 암단추 시작 위치

4.5cm
3.5cm
2.5cm
2cm
5.5cm(17코)
24cm(96코)
30cm(49코)
1단

시작코 부분에 빙 둘러 본드를 붙인다

〈소매〉
진동둘레 표시에서 15코 줍기
체인 연결하기

**How to make**

## 60 산타 모자　　61 마론의 산타 모자

[실] 피콜로 #6(빨강) 7g, 소노모노 루프 #51(흰색) 2g,
　　 마론: 피콜로 #6(빨강) 2g,
　　 소노모노 루프 #51(흰색) 1g
[바늘] 피콜로: 코바늘 4/0호,
　　　 소노모노 루프: 코바늘 6/0호, 재봉 바늘
[기타] 흰색 펠트 방울(지름 1.5cm, 1cm(마론)),
　　　 흰색 재봉실 조금

[만드는 방법]
①4/0호 코바늘로 원형 시작코로 해서 도안대로 뜬다.
②26단(60), 10단(61)은 흰색 실로 바꾸고, 6/0호 코바
　늘로 아랫단의 짧은뜨기 머리를 1코씩 걸러 주워가
　며 한길긴뜨기(마론은 짧은뜨기)를 한다.
③펠트 방울을 흰색 재봉실로 단다.

〈산타 모자〉

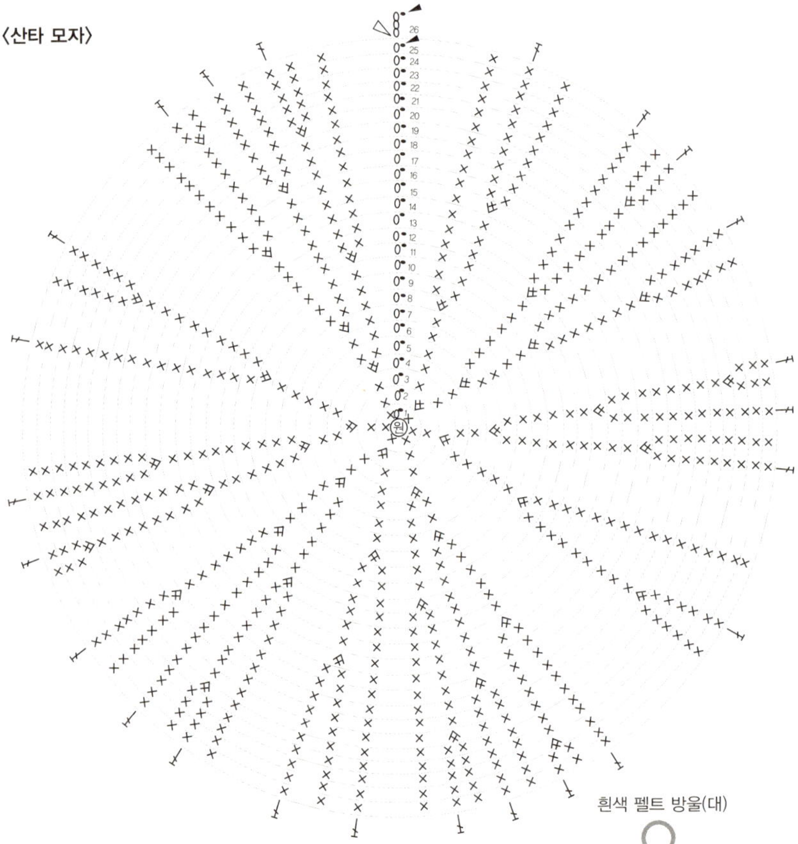

| 단수 | 콧수 | 증감 콧수 | 색 |
|---|---|---|---|
| 26 | 도안 참조 | | 흰색 |
| 25 | 50코 | 증감 없음 | 빨강 |
| 24 | 50코 | 증감 없음 | 빨강 |
| 23 | 50코 | +2코 | 빨강 |
| 22 | 48코 | +2코 | 빨강 |
| 21 | 46코 | +2코 | 빨강 |
| 20 | 44코 | +2코 | 빨강 |
| 19 | 42코 | +2코 | 빨강 |
| 18 | 40코 | +2코 | 빨강 |
| 17 | 38코 | +2코 | 빨강 |
| 16 | 36코 | +2코 | 빨강 |
| 15 | 34코 | +2코 | 빨강 |
| 14 | 32코 | +2코 | 빨강 |
| 13 | 30코 | +2코 | 빨강 |
| 12 | 28코 | +2코 | 빨강 |
| 11 | 26코 | +2코 | 빨강 |
| 10 | 24코 | +2코 | 빨강 |
| 9 | 22코 | +2코 | 빨강 |
| 8 | 20코 | +2코 | 빨강 |
| 7 | 18코 | +2코 | 빨강 |
| 6 | 16코 | +2코 | 빨강 |
| 5 | 14코 | +2코 | 빨강 |
| 4 | 12코 | +2코 | 빨강 |
| 3 | 10코 | +2코 | 빨강 |
| 2 | 8코 | +2코 | 빨강 |
| 1 | 6코 | | 빨강 |

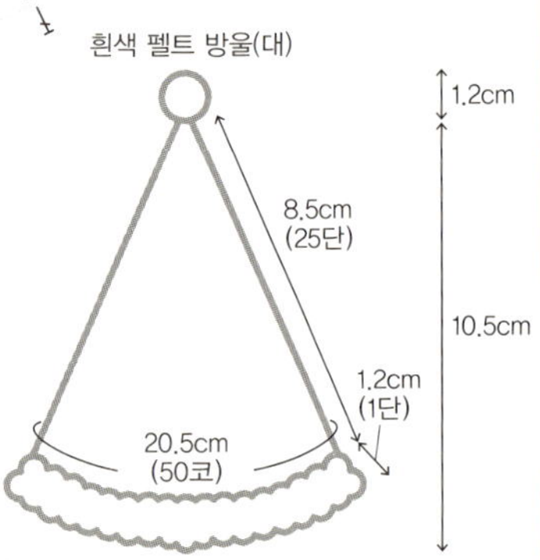

흰색 펠트 방울(대)

1.2cm
8.5cm
(25단)
1.2cm
(1단)
20.5cm
(50코)
10.5cm

〈마론의 산타 모자〉

흰색 펠트 방울(소)

0.7cm
3cm
(9단)
3cm
8cm
(22코)
0.5cm
(1단)

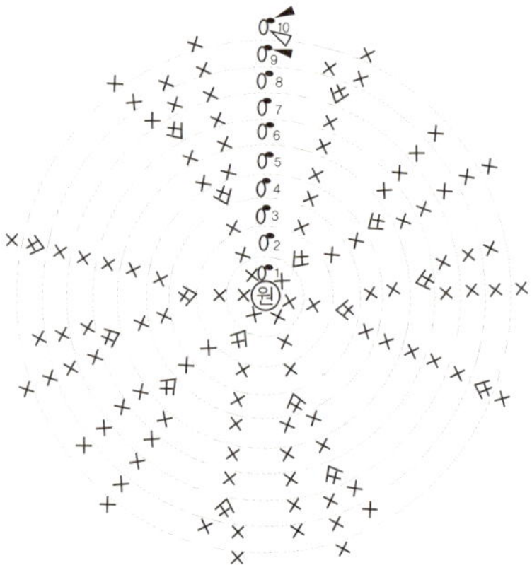

| 단수 | 콧수 | 증감 콧수 | 색 |
|---|---|---|---|
| 10 | 도안 참조 | | 흰색 |
| 9 | 22코 | +2코 | 빨강 |
| 8 | 20코 | +2코 | 빨강 |
| 7 | 18코 | +2코 | 빨강 |
| 6 | 16코 | +2코 | 빨강 |
| 5 | 14코 | +2코 | 빨강 |
| 4 | 12코 | +2코 | 빨강 |
| 3 | 10코 | +2코 | 빨강 |
| 2 | 8코 | +2코 | 빨강 |
| 1 | 6코 | | 빨강 |

스튜어디스
▶ P.46

# 62 토크 모자    63 원피스

[실] 콜포쿨 #17(청보라) 11g, #1(흰색) 2g

[바늘] 코바늘 3/0호, 재봉 바늘

[기타] 빨강 스웨이드 끈(폭 0.4cm) 11cm,
미니 버클 스퀘어형(0.8×0.6cm) 1개,
반구 진주(지름 0.4cm) 2개, 흰색 새틴 리본
(폭 0.2cm) 12cm, 빨강 새틴 리본(폭 0.5cm)
25cm(목에 감는 스카프용), 재봉실 조금,
똑딱단추 3쌍, 본드

[만드는 방법]
① 원피스(63)를 만든다. 사슬뜨기 38코로 시작코를 만들어, 도안대로 뜬다.
② 진동둘레에서 15코를 주워서 소매를 뜬다.
③ 스웨이드 끈에 미니 버클을 끼워 벨트를 만든다.
④ 반구 진주, 벨트, 흰색 새틴 리본을 본드로 붙인다.
⑤ 재봉실로 똑딱단추를 단다.
⑥ 토크 모자(62)를 만든다. 사슬뜨기 3코로 시작코를 만들어 도안대로 뜬다.
⑦ 편물을 뒤집어 안을 겉으로 하고 12단에서 접는다.

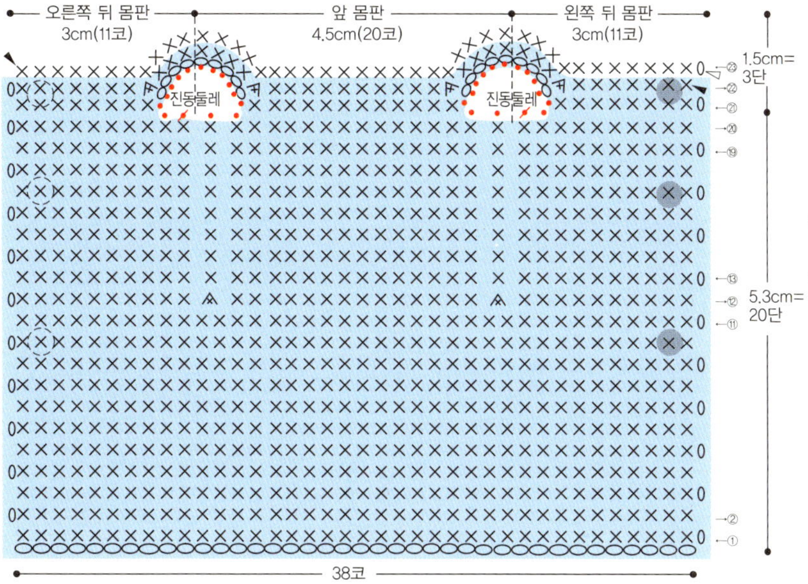

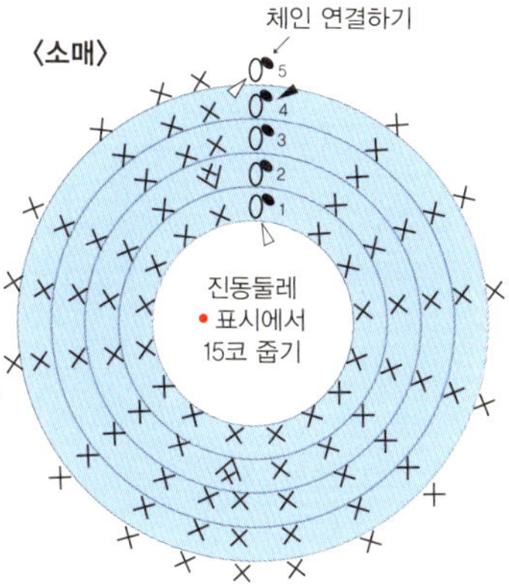

오른쪽 뒤 몸판 3cm(11코)  앞 몸판 4.5cm(20코)  왼쪽 뒤 몸판 3cm(11코)

1.5cm=3단
5.3cm=20단

진동둘레

〈소매〉
체인 연결하기
진동둘레
● 표시에서 15코 줍기

38코

● 소매 코 줍는 위치    ✦ 소매 코 줍는 시작 위치    청보라    흰색

● 똑딱단추 수단추 다는 위치    ◯ 똑딱단추 암단추 안쪽 다는 위치

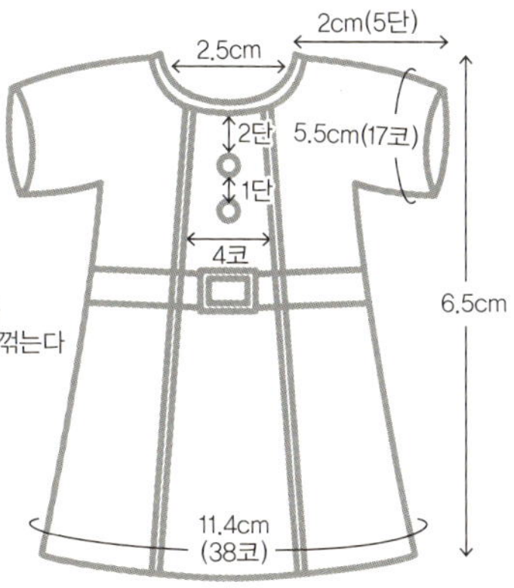

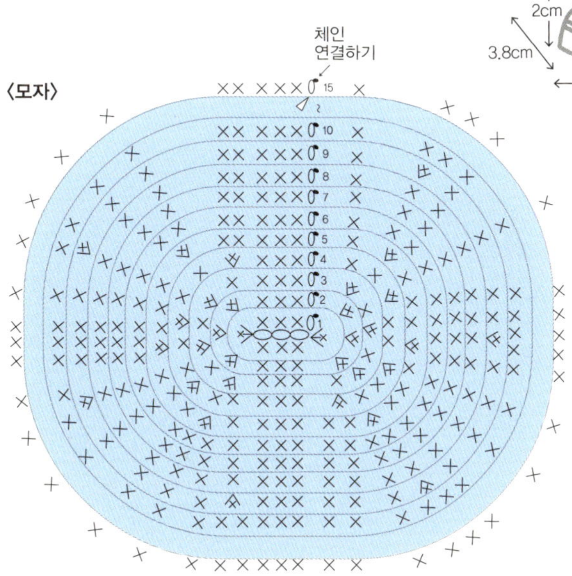

〈모자〉
체인 연결하기

2cm
3.8cm
5cm
4단을 접어 꺾는다

2cm(5단)
2.5cm
2단
1단
4코
5.5cm(17코)
6.5cm
11.4cm(38코)

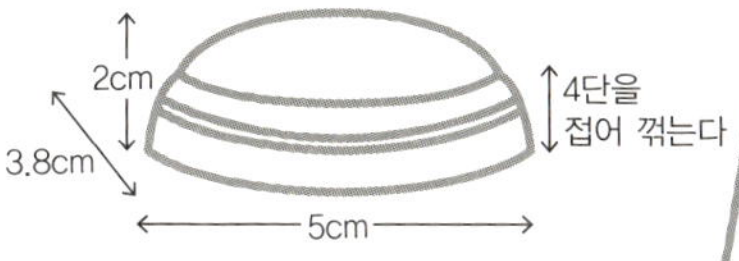

| 단수 | 콧수 | 증감 콧수 | 색 |
|---|---|---|---|
| 15 | 42코 | 증감 없음 | 흰색 |
| 10~14 | 42코 | 증감 없음 | 청보라 |
| 9 | 42코 | +6코 | 청보라 |
| 6~8 | 36코 | 증감 없음 | 청보라 |
| 5 | 36코 | +6코 | 청보라 |
| 4 | 30코 | +6코 | 청보라 |
| 3 | 24코 | +6코 | 청보라 |
| 2 | 18코 | +6코 | 청보라 |
| 1 | 12코 | | 청보라 |
| 사슬 3코의 시작코 | | | 청보라 |

How to make

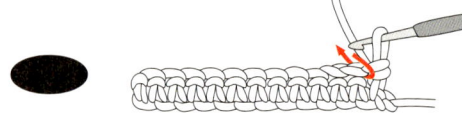

## 코바늘 기호표

책에서 사용하는 주요 코바늘 기호.

### 빼뜨기
아랫단에 코바늘을 넣고, 실을 걸어서 빼낸다.

 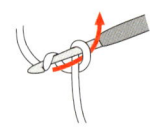  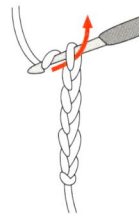

### 사슬뜨기
코바늘에 실을 감아 걸고, 다시 실을 걸어 뺀다.

 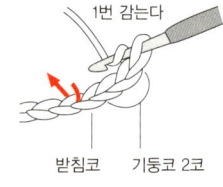 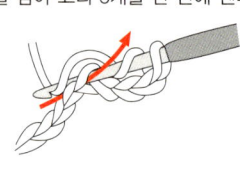 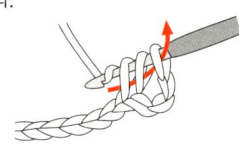 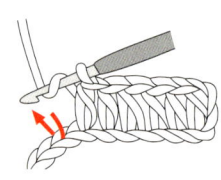

### 짧은뜨기
기둥코인 사슬 1코는 콧수에 넣지 않는다. 위쪽 반 코에 바늘을 넣어 실을 빼낸 뒤, 실을 다시 걸어서 고리 2개를 한 번에 뺀다.

### 이랑뜨기
사슬 반 코에 바늘을 넣고, 이후는 짧은뜨기와 동일.

 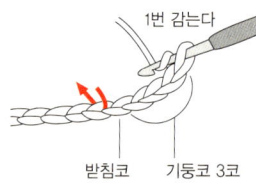 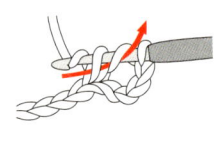 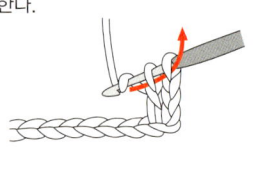 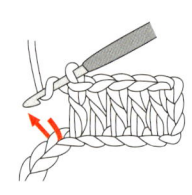

기둥코 1코　위쪽 반 코에 바늘을 넣는다

### 긴뜨기
바늘에 실을 감아 코에 걸어 꺼내고, 다시 실을 감아 고리 3개를 한 번에 뺀다.

  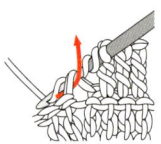  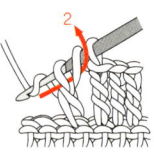 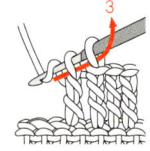 

1번 감는다

받침코　기둥코 2코

### 한길긴뜨기
바늘에 실을 감아 코에 걸어서 꺼내고, 다시 실을 걸어서 고리 2개 빼기를 2번 반복한다.

1번 감는다

받침코　기둥코 3코

### 두길긴뜨기
바늘에 실을 2번 감아 코에 걸어서 꺼내고, 다시 실을 걸어서 고리 2개 빼기를 3번 반복한다.

2번 감는다

## 한길긴뜨기 앞걸어뜨기

아랫단 코의 다리를 정면에서 주워 한길긴뜨기를 한다.

 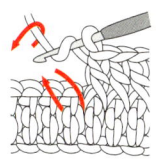 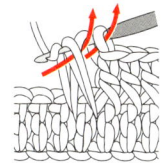 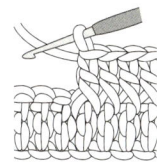

## 짧은뜨기 2코 넣어뜨기

같은 코에 짧은뜨기 2코를 떠 넣는다.

## 짧은뜨기 3코 넣어뜨기

같은 코에 짧은뜨기 3코를 떠 넣는다.

 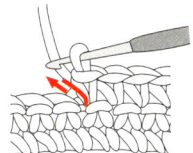 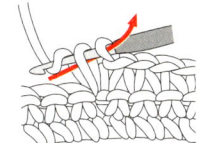

2코

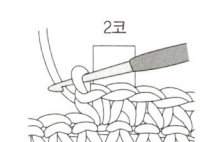

1코 늘림

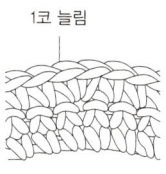

## 짧은뜨기 2코 모아뜨기

첫 번째 코에 바늘을 넣어 실을 걸어 빼고, 다음 코도 실을 걸어 빼낸 뒤 고리 3개를 한 번에 뺀다.

 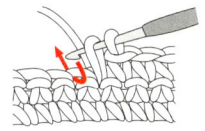 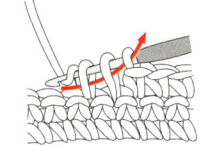

1코 줄임

## 긴뜨기 2코 모아뜨기

첫 번째 코에 미완성 긴뜨기를 뜨고, 다음 코에도 미완성 긴뜨기를 뜬 뒤 고리 5개를 한 번에 뺀다.

 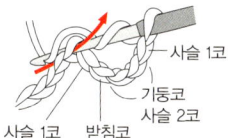

사슬 1코
기둥코
사슬 2코
사슬 1코    받침코

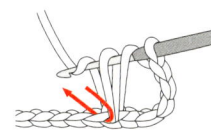 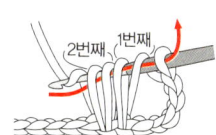

2번째 1번째

## 긴뜨기 2코 넣어뜨기

같은 코에 긴뜨기 2코를 떠 넣는다.

 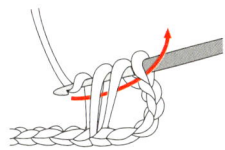 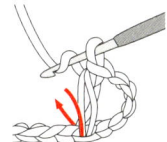  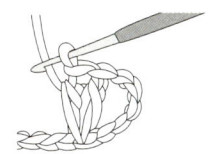

## 한길긴뜨기 3코 넣어뜨기

같은 코에 한길긴뜨기 3코를 떠 넣는다.

## 한길긴뜨기 2코 넣어뜨기

같은 코에 한길긴뜨기 2코를 떠 넣는다.

 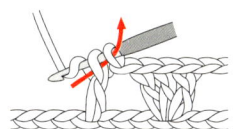 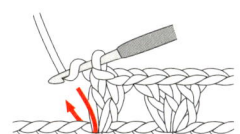 

**매일 스타일 변신**
**손뜨개 인형**

**초판 1쇄 발행** 2020년 2월 10일

**지은이** Miya
**옮긴이** 김은주
**펴낸이** 명혜정
**펴낸곳** 도서출판 이아소
**디자인** 황경성
**교 열** 정수완

**등록번호** 제311-2004-00014호
**등록일자** 2004년 4월 22일
**주소** 04002 서울시 마포구 월드컵북로5나길 18 1012호
**전화** (02)337-0446 **팩스** (02)337-0402

책값은 뒤표지에 있습니다.
**ISBN** 979-11-87113-40-9 13590

도서출판 이아소는 독자 여러분의 의견을 소중하게 생각합니다.
E-mail: iasobook@gmail.com

이 도서의 국립중앙도서관 출판예정도서목록(CIP)은 서지정보유통지원시스템 홈페이지
(http://seoji.nl.go.kr)와 국가자료공동목록시스템(http://www.nl.go.kr/kolisnet)에서
이용하실 수 있습니다. (CIP제어번호 : CIP2020002351)